Mon art a toujours suivi
les pentes de mon plaisir...
Il évolue comme mon plaisir.

Giono

*) Dès qu'on risque quelque chose tu
crois que tu es un lâche.

I

— Maintenant, en avant, dit Angelo. — qu'une révolution soit le
— Tu me mets dans une drôle de situation, dit Giuseppe. Toi tu t'en fiches.
— Tu es noble, mais moi, je sais qu'il faut tenir toute plisse.
Ils étaient en manteaux longs tous les deux. Il ventait tant... la nuit sans
Zaddo semble pleine. Il était à six heures du soir...
— C'est toi qui vas m'apprendre l'école du bataillon, dit Angelo ?
— Non, mais tu peux...
...la rue... C'est comme si tu savais que
...beau de façon son café. L'important, c'est le café.
...cette petite ville...
...près des lumières c'était silencieux.
...on sentait déjà l'odeur du Piémont...
— Il n'y a pas de risque dit Angelo. J'ai un bon père, moi aussi...
— Il y a longtemps que tu ne t'ai pas fichu les oreilles, dit Giuseppe. Savoir.
— Ils longeaient des maisons basses et des murs de jardins. Les rencontres
étaient très loin les uns des autres...
...à angle droit. À cinquante mètres...
...les gabelous et les soldats...
...dans sa guérite. La façade...
...Paris fenêtre...
...corps de garde en voyant sous la lame des dolmans longs.
Ce sont des Hussards...dit Giuseppe. Ils sont plaisirs de fourrer au bloc un
colonel de Hussards. Qui mettront beaucoup nos chapeaux à la calandre. Je n'ai pas...
...milan toutes casquettes...
...de milan y va-t-il la sentinelle ?
— Tout de suite elle crie "à la garde" paisiblement mais...avec une telle voix.
Angelo et Giuseppe se rapprochèrent davantage...
— Tu t'fais tout ça solennel, malgré tout, dit Giuseppe.
— À la 2e même si dit Angelo si j'avais seulement un manche de pioche...toute...
...c'était à tue-tête de se tourner les poings...
...un jupon sent odeur des fonctions. D'ailleurs, ils ne bronchaient pas. Et c'était...
...soldats étaient tous là, mais ils dormaient.
En s'appuyant contre le vantail, Angelo sentit que le postillon n'était même
pas fermé au loquet et qu'il était là dans son dos. Il fit un pas en arrière et
...dans une large coulisse qui sentait l'oignon gras...Giuseppe de plus en plus...
ailleurs.
— ...
...Angelo...
...Angelo, n'a pas une porte encore d'un sans réluire. Elle s'ouvrit tout à coup.
Ils se ruèrent dans Angelo. Il résigna l'un tir...la vue...pas...
...as mal au ...—Entrez, dit l'homme.

GIONO

claudine chonez

© Éditions du Seuil. 1956. Toute reproduction interdite, y compris par microfilm. ISBN 2-02-000032-6

écrivains de toujours/seuil

PORTRAIT

L'étrange écrivain, dans son classicisme, l'homme étrange, dans sa simplicité! Jadis il était ouvertement « original » dans sa vie, sa doctrine, son style. Mais plus il a voulu se fondre dans la grande tradition du roman français où le Moi et l'adjectif sont haïssables, plus il a intrigué en tant qu'individu, et forcé à s'incliner devant la personnalité de l'écrivain.

Il n'en est peut-être aucun qui, après vingt années de notoriété, de réputation d'ailleurs contestée, soit monté aussi rapidement, en six ou sept ans, au tout premier rang. Beaucoup pensent qu'il est actuellement en France le premier, le seul qui réunisse à un tel degré les dons souvent contradictoires du style très pur et très personnel, de l'action et de la psychologie, du lyrisme et de l'intelligence aiguë, tout cela fondu en un art d'imaginer et de conter à la fois raffiné et très spontané, presque *bonhomme*.

Mais qui songerait à dire : « le bonhomme Giono » ? Le romancier est trop cruel, et parfois volontairement glacé. Qui songerait à le traiter d'intellectuel ? Il aime trop le concret, la sensualité, et la vérité quotidienne. Qui pourrait le définir comme un maître de l'art pour l'art, un esthète ? Il aime trop la soupe au poisson, la langue paysanne, et le trait pris sur le vif. Qui enfin se bornerait à voir en lui un conteur, alors que le destin de l'homme et le mystère du monde affleurent à chaque page, baignent tout le sous-sol de l'œuvre ?

Il semble que depuis longtemps — depuis Stendhal ou Balzac peut-être — nous n'ayons pu goûter un romancier aussi complet, un écrivain aussi équilibré entre la force et l'harmonie. Cela grandit jusqu'à la légende (une légende vraie), jusqu'à la coïncidence si rare de l'écrivain et de l'individu. Car cet équilibre correspond à la sérénité de l'homme. Cet écrivain complet est un homme content. Il *est*, presque scandaleusement, puisqu'il est *heureux*.

Dans le monde déchiré un être a l'audace de se déclarer d'accord. Il sourit à l'absurde, et sait le faire sans fadeur et sans frivolité. Son égoïsme (assez neuf, et que nous lui reprocherons plus loin) ne parvient à déplaire qu'à demi, parce qu'il continue — autrement que naguère — à nous faire signe de le suivre, à nous assurer que ce bonheur ne tient qu'à nous. On a envie de contempler, les yeux ronds et la bouche béante, un homme lucide et sensible bien au delà de la moyenne, qui en 1954 déclare avec tranquillité : « *Depuis trente ou quarante ans j'ai vécu heureux totalement, constamment, minute après minute.* »

Depuis trente ou quarante ans. Cela seul lui donnerait raison au moins à demi lorsqu'il se défend avec un rien d'irritation d'être devenu autre, comme homme et comme écrivain.

Vue générale de Manosque.

*La maison de Jean Giono à Manosque, telle qu'elle était en 1930.
Lithographie de Jacques Thévenet.*

Il est certain qu'au lecteur non prévenu, le Giono des romans parus depuis la Libération paraît très différent du Giono d'avant-guerre. Ce lecteur sent nettement qu'il y a un « nouveau Giono ». Il se trouve justifié s'il distingue une « seconde manière » et même, entre l'auteur du *Serpent d'Étoiles* et celui du *Moulin de Pologne*, une *coupure* telle qu'il lui semble avoir affaire à un autre écrivain. Mais il est certain aussi que la constance de Giono dans sa manière de vivre et dans le bonheur qu'il en tire, ne peut coexister avec un changement radical de la forme autant que du fond, comme on dirait en Sorbonne. L'homme qui rejette comme de vieilles défroques les visions longuement chéries de la vie et de l'art ne subit-il pas une crise forcément douloureuse ? Or pendant trente ans, Giono a mené la même vie entre les murs blancs de sa petite maison de Manosque, les fleurs, les bêtes, les amitiés paysannes ; et pendant trente ans, il faut l'en croire, il a été heureux. Son rythme intime n'a donc pas changé. Il n'a pu devenir autre, mais seulement évoluer.

S'il nous en semble autrement, c'est que l'artiste, exceptionnellement doué mais autodidacte, a progressé lentement pour mûrir ensuite très vite. La coupure de cinq années de guerre et d'occupation a mis brusquement le public en face d'une œuvre qui s'était accrue et bonifiée peu à peu dans le secret du grenier de Giono, pendant cinq années de travail ininterrompu.

Quelque chose pourtant s'est profondément modifié : les rapports humains. Giono ne convient pas volontiers que cela ait de l'importance, pour son œuvre du moins. Tout au contraire cela en a évidemment beaucoup, lorsqu'il s'agit d'un romancier dont le tempérament essentiel, celui du poète-qui-raconte-le-monde, s'est exprimé d'abord pendant des années comme lyrique et moraliste.

L'expérience de l'âge, comme on dit, et certains déboires plus précis, l'ont guéri de faire la morale aux gens, et de chanter pour les gens. Le lyrisme et la règle de vie personnelle sont maintenant affaire entre Giono et le monde, en sautant par-dessus la petite troupe des hommes. Si la moelle en demeure intacte, l'œuvre de celui qui décide : « *Je retire mon épingle du jeu* » change forcément de ton. Ce retrait de l'acteur au spectateur explique assez, avec le naturel mûrissement, l'accent nouveau des derniers écrits qui, superficiellement, semble une étonnante rupture.

Les hommes ne cessent, pour autant, de demeurer au centre de la vision du romancier ; seulement les frères de jadis sont devenus des objets (formule en vérité excessive : « *J'admire ceux qui sont bien guéris...* », « *Je me sers de tendresse pour le cas où...* »). De toutes façons, ces objets sont les plus complexes, les plus vivants, les plus proches ; à ce titre ils continuent de mériter une attention passionnée.

Comme la vie a enrichi les sens et la personnalité, mais durci le cœur, ainsi l'atmosphère de l'œuvre s'est enrichie et dépouillée à la fois. Refuser la souffrance, c'est s'appauvrir, — sauf lorsque l'étoffe est exceptionnellement *fournie* : alors le détachement permet de créer avec plus de profusion, l'ironie donne des échos neufs, le comique épaule le tragique. On devient le potier qui façonne, par joie désintéressée, des formes et des événements innombrables.

Giono, envahi par eux, les contrôle dans l'œuvre achevée, les gaspille ailleurs. Ses créatures errent par exemple, à peine nées et déjà mûres, lourdes de passions qui resteront inemployées, à travers les pages de *Noé*, extraordinaire genèse du roman, vastes limbes où le démiurge entasse les enfants jaillis de lui comme malgré lui, et rêve à la « *mons-*

A Gréoulx-les-Bains.

trueuse accumulation » de ce qu'il a élagué d'un seul livre :
« *Tous les gestes faits par tous les habitants d'un même village
pendant les dix mille heures de ces cinq cents jours* ».

Cette *monstrueuse* puissance, contrôlée par un art chaque
jour plus rigoureusement conscient, fait de Giono l'écrivain
extraordinaire qui nous a été révélé, presque inquiétant
comme ce qui évoque les méthodes divines... En fait, ceux
que l'on salue comme les grands romanciers sont moins
les *messagers* que les *fabricants*, les purs créateurs ; ceux qui
font se demander, presque avec malaise, quel rapport ils
entretiennent avec cette force invisible qui ne cesse de fécon-
der le monde depuis l'origine des temps.

Voilà donc le romancier dans sa permanence et dans son
évolution. Mais ce qui ne change pas, à coup sûr, c'est le physique, le caractère, les goûts quotidiens. Surtout lorsqu'il
s'agit de Jean Giono, citoyen de Manosque, né à Manosque, et
qui n'a pas passé en tout trois années de sa vie loin de Manosque (quand je dis « loin », je pense aussi bien à la villégiature
annuelle de Gréoulx-les-Bains, distant de 11 kilomètres).

Le Giono des années 60 apparaît solide comme un bélier — la bête favorite de ses romans, et aussi son signe zodiacal. De stature moyenne, agile et charnu à la fois. Sous les cheveux argentés qui furent blonds, la peau mince et sans couleur est celle d'un nordique — héritage d'une grand-mère picarde. Sous la chair un peu lourde, l'ossature fine et précise est d'un latin. Les yeux ont l'étonnant bleu turquoise trouble des eaux de la Durance. (De très beaux yeux vraiment, qui furent sûrement naïfs et ne le sont plus ; il me semble y voir jouer, presque simultanément, la malice et la bonté.) Il paraît que, très rarement, ils virent au foncé — dans la colère.

« *Mais une grande colère ne m'arrive qu'une fois tous les dix ans. Le reste du temps ? eh bien, je ne tends pas la joue gauche ! Avec cela, une immense indulgence générale, à base de curiosité et d'indifférence* » (une nouvelle indifférence, nous l'avons dit, peut-être pas si sûre qu'elle se croit...).

« *Mon grand-père le carbonaro*, dit encore Giono, *était un rude forban ; il en a fait de drôles dans sa vie, et parfois gratuitement. Il arrive que ça remonte en moi...* » Chose curieuse, mais que l'on a pu observer bien des fois, c'est en vieillissant que les poussées anarchiques se développent, le goût du « ce qui me plaît », sans souci des conséquences. Il mûrit souvent, chez l'homme de qualité, un agréable cancer de désirs, de tendances jusqu'alors étouffées ou ignorées ; parallèlement le sens de la responsabilité, trop souvent déçu, s'atténue ou fait semblant.

Pour Giono il est un peu tard. Il s'est trop longtemps exercé à l'altruisme. Certes, il n'est pas bouddhiste : s'il aime les chiens, il n'aime pas les chats ; aussi leur lance-t-il volontiers du petit plomb dans les pattes. Mais vis-à-vis des humains, malgré tout ce qu'il en dit, beaucoup d'actes de sa vie actuelle sont d'un *homme de bien*. (« *C'est par égoïsme*, proteste-t-il ; *uniquement parce que je dors mieux.* »)

Et puis, l'aventurier qui sommeille en Giono (et qu'il éveille ou recrée avec Maudru, « l'Artiste » ou Angelo) a cédé le pas dès la jeunesse au paysan qu'il est d'instinct — même s'il a choisi la main à plume plutôt que la main à charrue. Il est enraciné. C'est un mot qu'il aime fort comme Péguy, et partiellement pour les mêmes raisons. « *Mon bonheur est entre quatre murs* », dit-il. « *Il est statique, il est là où je m'enracine* ». Oui, quatre murs, pourvu qu'ils ne soient pas en ville, quatre murs avec une colline pour horizon, un bout de jardin sous la fenêtre, cela suffit à celui qui est toujours « *un provincial gauche et farouche* », même s'il « monte » à Paris plus souvent que naguère à cause du « Goncourt ».

S'il a été quelque peu berger — pas très longtemps, je crois —, il n'a jamais été laboureur, ou vigneron. Mais il n'a pas besoin d'avoir régulièrement pratiqué les travaux des champs pour les connaître à fond, parce qu'il sent et recrée tout ce qu'il a observé avec amour. Et quel amour en lui, pour le sol et l'insecte, pour la fleur et la laine, pour la brebis et l'odeur d'herbe, pour la sueur et l'eau fraîche, pour tout ce qui jaillit, pousse, remue, désire, s'apaise, parfume, chante, mord, vibre, décline, sans s'être jamais *adultéré*.

Une journée de Jean Giono montrera peut-être assez bien ce qu'est le rythme habituel de sa vie. « *Sept heures. Je n'ai pas besoin de réveil ; c'est devenu automatique... Quelquefois pourtant, l'hiver, je reste au lit un tout petit peu plus. Je descends à la cuisine, fais mon thé moi-même. Et avec la tartine, je m'accorde ma première pipe de gris.* »

Après la pipe, une petite promenade au jardin, un sage jardin de curé où se mêlent avec mesure les légumes et les

fleurs, la « clairette » et les ciboulettes. Nous sommes au printemps, un printemps qui hésite encore : les cheveux gris, le teint mat, les yeux pâles s'accordent à ce matin transparent, couleur de perle. Le poète avance, clair, sans inquiétude, bien à l'aise dans la confortable robe de chambre à carreaux qui sera sa tenue de travail jusqu'à l'après-midi. Je le vois, écartant sa pipe, qui respire avec gourmandise l'air tout neuf, admire la hampe droite d'un de ces iris auxquels il aime comparer les fières paysannes de ses romans.

Il n'est pas beaucoup plus de huit heures, et Giono remonte d'un pas vif les deux étages vers son bureau d'où l'on domine les toits de Manosque et la plaine. Le fauteuil tourne le dos sagement au beau paysage. Si le grenier où le regard

glisse sur le cuir, le bois ciré, les tapis, est plein de livres et aussi de souvenirs, rien ne saurait distraire l'écrivain. Le visiteur contemplera la vieille photo de la maman blanchisseuse, le panneau de peinture chinoise, ou les sagaies « *belles comme des fleurs* ». Mais lui est à sa table de travail, et rien ne bougera jusqu'à midi. « *Tous les matins c'est sacré. Même lorsque mon père est mort, même lorsque ma mère est morte...* »

Encore une pipe, ou un excellent petit cigare du Brésil, fin et long comme une baguette d'encens. Giono dit n'en fumer pas plus de quatre ou cinq par jour. En tout cas, le tabac est son seul vice : il n'avale pas une goutte d'alcool, pas une goutte de café, déteste les mets lourds ou le gibier, et s'ennuie à la lecture du Marquis de Sade.

Laissons-le au travail, tandis qu'il examine un des petits carnets où il consigne en phrases brèves, dans tous les sens, au hasard d'une promenade, d'une réflexion nocturne, les

notes de lecture ou les fragments qui seront utilisés pour le prochain roman. Pour le moment il rédige le dernier né, d'une écriture fine, ronde, harmonieuse, presque sans rature. Sur le papier jaune, les caractères noirs se détachent avec de larges marges, en un dessin ferme et régulier, dont la seule masse est agréable à l'œil.

Il laisse entièrement les soins ménagers à Élise Giono, experte et discrète, et à la dévouée Fine aux joues sèches, creusées de rides, sous le fichu délavé de la paysanne. Dans une salle à manger de fermiers cossus (mais il y a au mur un rigoureux tableau de Bernard Buffet), le couvert est mis à même la toile cirée verte. Chose étrange, Giono, qui déteste la Méditerranée, se nourrit avec prédilection des produits de la mer : « *Quand je me trouve (ce qui est rare) à Marseille ou à Paris, j'entre dans un bon restaurant spécialisé et je mange quatre douzaines d'huîtres plus cinq portions de soles marinières*

(sic) *à l'huile d'olive, bien sûr.* » Chez lui, il y a toujours du vin, des cigarettes américaines pour les invités. Pas pour le maître de maison : « *J'aime tant le goût de l'eau*, dit-il, *et pour s'enivrer, ma foi, si l'on est bien disposé une fleur y suffit.* »

Avec ce régime on s'étonne que Giono ait des rhumatismes. Pourtant c'est un fait ; il a même subi plusieurs crises de goutte. « *Au gros orteil, oui ; et, c'est pire, à la main avec laquelle j'écris. J'appelle ça moi, une crise d'injustice aiguë ! Bah ! si je dois devenir infirme, je m'en accommoderai* », conclut-il en riant, avec un clin d'œil de complicité à l'adresse du destin.

Il a mis comme chaque après-midi sa houppelande de poil beige, fait comme chaque après-midi sa promenade au bord du minuscule canal, regardé cette peau de renard pendue à l'olivier pour la protection du poulailler (« *comme les fourches patibulaires à l'entrée des villes* »), dressé l'oreille à l'appel d'un oiseau, et rabattu sur le nez, parce qu'il pleuviote, sa vieille casquette de daim marron. Il a humé une plante, une senteur animale, et parlé du temps probable avec le fermier voisin. On rentre ; le travail attend, et les quatre murs bénis du grenier. « *Il m'arrive*, dit-il, *de rester deux mois sans aller « en ville »* (la ville est à 500 mètres, on en fait le tour complet en vingt minutes). *Parfois l'été je m'arrête à une terrasse de café pour regarder les gens.* » Et voici passer celle qui donnera ses traits à la fille inquiète, celui qui sera le notaire ou le vagabond de son prochain roman... Giono s'inspire même des photos d'albums anciens que l'antiquaire met de côté pour lui. Pour nourrir son univers intérieur, il lui suffit d'une silhouette jaunie, d'un son de voix, d'un rêve.

« *Je ne suis jamais mieux qu'ici* », dit-il encore, caressant du regard son bureau presque nu, ses livres bien rangés, ses cartons de dessins, et les arabesques du tapis où il doit lire les signes mystérieux de ses créatures. « *J'aime rester enfermé. J'aime la prison, le couvent ; et j'aimais être derrière le guichet de la banque où j'ai été employé dix-sept ans. J'ai une dizaine d'amis : Lucien Jacques qui habite Montjustin, tout près d'ici ; le peintre Bernard Buffet et son ami Berger ; quelques autres. Je les vois quand je veux, quand ils veulent, par ci par là. Cette société me suffit* ». « *Jadis, je marchais beaucoup, je partais sac au dos sur les routes. Plus maintenant. Un contemplatif, voilà ce que je suis* », dit-il en clignant de l'œil pour n'avoir pas l'air trop sérieux. « *C'est au point que moi qui aime respirer les fleurs, je ne m'occupe jamais du jardin. Je ne sais pas planter un clou et quand un plomb saute, si je suis seul, je téléphone à l'électricien.* » (Mais il sait tracer un sillon ou tailler un arbre — parce qu'il aime le champ et l'olivette, et pas l'électricité.)

Voici qu'il est cinq heures, et Sylvie entre, portant le plateau du thé. Le visage de Giono rayonne subitement, il

Avec Lucien Jacques.

fait un petit geste. Sylvie a compris, pose le plateau n'importe où, et ses lèvres sur la joue de son père. « *Fiston, alors, fiston ?* » Il ne dit rien de plus. Sylvie a apporté de la part d'une admiratrice une gerbe d'œillets et de tulipes rose foncé. Giono admire les nuances sourdes, court chercher un vase de faïence blanche où la couleur s'appuiera, supprime l'asparagus qui gêne les courbes. La secrétaire entre, portant une petite pile de livres à dédicacer. Pour le cordonnier du coin, pour l'hôtelier de Gréoulx, pour un copain de la montagne. Giono s'exécute, faussement bourru, souriant tout de suite pour qu'on ne s'y trompe pas.

Il s'est remis au travail. Dès sept heures il s'apprête à dîner. Mais vite — un petit air bien-aimé. La discothèque est vaste, il y puise d'une main sûre. Ce tout petit Mozart, délicieux au crépuscule ? Ou cette si pure sonate de Scarlatti ? Peut-être encore Cimarosa, en l'honneur de son ami, de son dieu de toujours, Stendhal ?

Giono a très vite avalé sa soupe et quelque laitage, bourré une dernière pipe. Huit heures et demie, c'est l'heure d'aller au lit (en été, il flânera peut-être jusqu'à neuf heures). Il bouquine vingt minutes ou une demi-heure — toujours un livre qu'il aime et connaît par cœur : un petit bout de Don Quichotte, ou de Gogol, ou de Machiavel. Ça lui éveille les idées, ce qui mûrira dans la nuit pour la mise au net du lendemain. Après ? Eh bien ! évidemment, il s'endort « d'un sommeil de plomb ». Huit heures de travail au moins, neuf heures de sommeil. Faire le métier qu'on aime, et aimer la vie dans les plus petites choses... « *C'est merveilleux de vieillir* », dit encore Giono. Et quel plaisir de penser qu'on mourra : « *Cela seul pouvait donner à toute chose cette beauté aiguë...* »

Giono est mort dans son lit, sereinement je crois, et même peut-être sans se réveiller dans la nuit, après avoir eu trois crises cardiaques cette même année 1970. C'était le 9 octobre, un de ces automnes qui, à Manosque comme dans tout le Midi, sont encore assez tièdes et dorés pour sembler prolonger l'été. Il détestait Paris et ne voulait plus même y aller pour les délibérations du Goncourt — n'ignorant d'ailleurs nullement l'état critique de sa santé. Mais, disait-il en citant Vigny avec un sourire, que je m'endorme enfin du sommeil de la terre !

Chez Bernard Buffet.

1795 — Naissance de Jean Baptiste Giono à Montezemolo (Piémont)

1832 — J. B. Giono exilé en France s'engage comme infirmier pour soigner le choléra d'Alger. (Il est ami de père d'Émile Zola, carbonaro comme lui et exilé comme lui.) Condamné à mort pour conspiration après combat contre José... civile.

15 Avril 1845 — Naissance de Antoine Jean Giono à Saint Chamas (Bdes Rh)

1866 — Antoine Jean Giono a une échoppe de cordonnier à Marseille. Rue des Chapeliers, puis Rue Mazagran, puis Rue St Marie.

1870 — Exemplé du service militaire comme fils de veuve et soutien de famille. Antoine Jean Giono ne s'engage pas

1871 — Il ne s'engage pas non plus dans la Commune de Marseille quoique connaissant Crémieux. ~~...~~ Il est quarante-tête...

1874 — Il part avec son baluchon faire un tour de France en soulage (il ne songea au Tyrol et l'Autriche, revoir le pays de son père où les hospitaliers de la famille sont sous-registre depuis le contrat ...m... a mort de J. B. Giono)

31 décembre 1857 — Naissance à Boulogne son père de Pauline Pourcin.

1870 — Pauline Pourcin fuyant l'invasion avec sa mère Vicente et son père provençal vient à Manosque. avec ses parents

1880 — Ouvre à Manosque un atelier de repasseuse. Continue à habiter dans le quartier dela Cougourdelle une maison appelée la grande maison, sorte de caserne avec une trentaine de locataires divers

1883 — Antoine Jean Giono revenant de son tour de France, travaille à St Vincent les Forts, à Tallard, puis à Manosque. Se loge à la grande maison.

1885 — Antoine Jean Giono, pleure devant son établi de cordonnier! Victor Hugo est mort!

1892 — Pauline Pourcin et Antoine Jean Giono se marient

30 mars 1895 — Naissance de Jean Giono 14 rue ... ...

1900 — Un dimanche, ... d'un effroyable orage, il voit la femme dans la rue des gens qui courent, affolés! On vient de découvrir, assassiné ... ... l'ermite de Toutes-Aures. C'est presque en même rue.

1902 — 1911 — Collège de Manosque. ... ...

1911 - Il entre au Comptoir National d'Escompte en qualité de Chômeur aux appointements de 10 francs par mois.

1912 - 1913 - 1914 - appointements portés successivement à 40 f., 50 francs, 85 francs, en même temps qu'il fait au service de l'Escompte très confians.

2 février 1897 - Naissance d'Elise Maurin.

1914 - ~~Marius~~ Marius Maurin, le père d'Elise s'installe comme coiffeur juste en face du 14 grand Rue à Manosque où se trouve le magasin de repasse de Madame Giono (Madame Jean comme on l'appelle)

Janvier 1915 - Jean Giono incorporé au 159ᵉ régiment d'Infanterie à Briançon
Mai 1915 - Il est versé au 140ᵉ rg. d'Infanterie de Grenoble et rejoint son unité aux Eparges.   entre autres

1916 - Verdun - Tranchées devant les Bâtiments de l'Hôtel. La 6ᵉ compagnie du 140ᵉ R I est presque complètement détruit. Onze rescapés redescendent des lignes dont le Capitaine Vidon et Jean Giono.

1916 - 1917 - Chemin des dames (offensive Nivelle) Le Somme, le Kemmel. Toujours soldat de 2ᵉ classe et sans croix de guerre.

1918 - Transféré au 8ᵉ génie.

1918 - 1919 - Wissembourg. Thionville
1919 - Démobilisé soldat de 2ᵉ classe sans croix de guerre.

26 Avril 1920 - Mort de Antoine Jean Giono

22 Juin 1920 - Mariage d'Elise Maurin avec Jean Giono

1920 - 1921 - 1922 - Comptoir National d'Escompte, service des titres, de la } caisse, puis sous directeur (Manosque). Écrit un roman :
1923 - ~~~~~~~~~~ } Angélique, des vers qui sont publiés par la Criée (direction Lou Fia Marcel...) Connaît Lucien Jacques

1924 - Lucien Jacques publie à ses frais Accompagnés de la flûte (quelques poèmes en prose) de Jean Giono. (à 300 exemplaires on en vend 10 dont un acheté par Adrienne Monnier)

5 Octobre 1926 - Naissance d'Aline Giono

1927 - Jean Giono écrit Naissance de l'Odyssée
1928 - Grasset refuse Naissance de l'Odyssée (s'il faut lire)
1928 - ~~en~~ La Revue Commerce publie Colline. André Gide fait une grande publicité orale à ce texte.
1929 - ~~~~~~~~ Colline paraît chez Grasset dans les Cahiers - Verts

ÉTABLIES PAR LUI-MÊME.

1929 - Jean Giono se soule la première fois à Paris (soirée de Pâques)

1930 - Un de Baumugnes. Colline Prix Brentano (1000 dollars le dollar valait 15 francs mais c'était déjà pas mal)

1931 - Regain. Présentation de PAN.

1931 - Regain Prix Northcliffe.

1932 - 33 - Chronologie de la bibliographie.

11 août 1934 Naissance de Sylvie Giono

34 - 35 - 36 - 37 -
38 - 39 - 40 - 41 - | Chronologie de la bibliographie (Sauf deux évènements qui sont mon emprisonnement de 3 mois en 1939 au fort St Nicolas à Marseille
42 - 43 - 44 | et un autre emprisonnement de 6 mois en 1945 au fort de Saint
45 | Vincent les forts Htes Alpes.)

19 Janvier 1946 Mort de Pauline Giono

47 - 1948 ⟶ | Chronologie de la bibliographie

30 octobre 1949 Mort d'Antonia Maurin.

50 . 51 . 52 . 53 . 54 | Chronologie de la bibliographie.
et démon ? | En 53 Prix Rémin ? de Monaco

Bibliographie

1924 *Accompagnés de la flûte.*
1929 *Colline.*
     Un de Baumugnes.
1930 *Regain.*
     Solitude de la pitié.
     Présentation de Pan.
     Manosque des plateaux.
     Naissance de l'Odyssée.
1931 *Le Grand Troupeau.*
1932 *Jean le Bleu.*
1933 *Le Serpent d'étoiles.*
     Entrée du printemps.
1934 *Le Chant du monde.*
1935 *Que ma joie demeure.*
1936 *Les Vraies Richesses.*
     Rondeur des jours.
1937 *Batailles dans la montagne.*
     Refus d'obéissance.
1938 *Le Poids du ciel*
     Lettre aux paysans sur la
     pauvreté et la paix.
     (Vivre libre n° 1).
1939 *Précisions (Vivre libre n° 2).*
1941 *Pour saluer Melville.*
     Triomphe de la vie.
1943 *Théâtre.*
     L'Eau vive.
1947 *Le Voyage en calèche.*
     Un roi sans divertissement.
     Noé.
     Virgile.
1948 *Fragments d'un Paradis.*
     Fragments d'un Déluge.
1949 *Mort d'un personnage.*
     Les Ames fortes.
1951 *Les Grands Chemins.*
     Le Hussard sur le toit.
1952 *Le Moulin de Pologne.*
1953 *Recherche de la pureté.*
     Voyage en Italie.
1954 *Provence.*
1955 *Notes sur l'affaire Dominici.*
1957 *Le Bonheur fou.*
1958 *Angelo.*
1959 *Domitien suivi de Joseph à*
     Dothan.
1963 *Le Désastre de Pavie.*
1965 *Deux cavaliers de l'orage.*
1968 *Ennemonde et autres caractères.*
1970 *L'Iris de Suse.*
1972 *Les Récits de la demi-brigade.*
1973 *Le Déserteur et autres récits.*
1976 *Les Terrasses de l'île d'Elbe.*

UNE ENFANCE SILENCIEUSE

> *Il me suffisait d'être à proximité d'un
> mystère pour qu'aussitôt je devienne
> l'enfant-silence lui-même.*

Jean Giono est né dans une rue du vieux Manosque dont
l'évocation seule est poétique : elle s'appelait la rue Sans-Nom.
Il y avait au nº 14 une échoppe de cordonnier, celle de son
père, et, à côté, l'atelier de repasseuse de sa mère où — charme
de son enfance — « *cinq belles jeunes femmes chantaient le
fer à la main* ». Le petit Jean allait porter parfois le linge
fraîchement empesé aux dames de la ville. Et il revenait
s'asseoir près du père qui arrachait, cousait et clouait sous
la lampe de cuivre, humant l'odeur des peaux, écoutant parler
le sage et le guérisseur.

C'était un homme extraordinaire. Giono en parle si souvent
et — avec le talent du cœur — il lui a consacré dans *Jean
le Bleu* et dans *L'Eau Vive* des pages si vivantes que nous
croyons voir le vieil artisan (il avait cinquante ans à la naissance de son fils), cet Antoine-Jean héritier de la mystique
révolutionnaire des *carbonari*, sans doute converti au pro-
testantisme, mais « il s'en fichait », qui gardait côte à côte,
dans un tiroir, un portrait de Voltaire et la Sainte Bible, et
disait à son fils : « Méfie-toi de la raison ». Il était cordonnier
mais surtout guérisseur du corps et du cœur, par amour des
hommes : « *Cela devait se transmettre comme une science
d'hirondelle, ou bien marqué dans quelque coin de l'auberge,
gravé au couteau sur le mur... On s'appuyait pour pleurer et puis
on devait voir le signe gravé dans la pierre et on venait chez
le père Jean* ». (*Jean le Bleu*).

*La fenêtre de l'atelier de son père
où Giono habita jusqu'en 1927.*

Jean-Baptiste, le grand-père, était carbonaro ; mi-aventurier et mi-idéaliste ; il avait fui l'Italie pour échapper à une condamnation à mort. « *C'est certainement de lui,* affirme Giono, *que je tiens mes principes naïfs* ». Antoine-Jean Giono, le cordonnier, avait hérité les idées de son père ; mais il était entièrement orienté vers la douceur, le bien à faire autour

Antoine-Jean Giono, vers 1880.

de soi. S'il recevait avec générosité et abritait chez lui, avec une parfaite insouciance du risque, n'importe quel frère révolutionnaire ou anarchiste en exil, on n'obtenait pas de lui une participation active et violente. L'enfant voyait parfois entrer chez son père des hommes hâves, hirsutes, qui prononçaient de hautes paroles donnant la fièvre, et que son père savait calmer comme on flatte un animal sauvage : « *Camarade, nous les prolétaires, les ouvriers et les paysans, nous avons les poignets solides, nous secouerons le châtaignier du ciel et les étoiles tomberont sur la terre avec tous leurs piquants comme des châtaignes.*

28

« — Ça fera du sang, dit mon père.
— De la pourriture.
— J'aime mieux être infirmier, dit mon père, tu me mettras
à l'infirmerie. »

Il n'a jamais oublié ces étranges dialogues, ces étranges figures soulevées par un grand mythe venu de l'autre côté des montagnes. C'est en leur nom que Giono se fit « un aristocrate » qui ne saurait s'accommoder de la révolution marxiste scientifique, anti-individualiste ; c'est en souvenir du père, du grand-père, et de leurs amis, qu'il ressuscite le hussard Angelo et ses camarades, toute l'atmosphère d'idéalisme et de conspiration qui était celle du Piémont vers 1850.

1903

A son père, Jean Giono doit sa première soif d'adulte : celle d'être lui aussi, à sa manière, un guérisseur, celle qui le mène au Contadour; qui lui fait peupler ses romans de sages rustiques, sévères et doux à la fois, *rayonnants* comme l'était le cordonnier quand il parlait, relevant ses lunettes, le tranchet encore à la main, sous la lampe de cuivre. Il lui doit aussi sa jeune soif de culture : « *J'aimais mon père non seulement parce qu'il était mon père, mais parce qu'il était ce qu'il était. Je l'admirais ; je l'admire toujours. Ensemble, nous avions lu plusieurs fois les Évangiles, la Bible et dans Saint Thomas d'Aquin, les Traités de Dieu et de la vie humaine* ». (*L'Eau vive*)

Une confidence comme celle de *Présence de Pan* est d'autant plus rare qu'elle est intime : « *J'avais hérité de mon père un regard qui attirait les chiens perdus* ». Et Giono redit dans *Jean le Bleu* : « *J'avais une ingrate figure allongée et maigre, où se voyaient seuls des yeux tendres* ». Ou encore : « *J'étais un exagéré sentimental* ». Ce goût, ce besoin de tendresse à donner et à recevoir semble avoir été encore affiné par l'héritage maternel. Si Pauline la blanchisseuse a marqué son fils moins directement que le père par l'exemple et l'éducation, elle a eu sur lui tout le pouvoir que donne l'échange d'un profond amour. C'est un tribut d'amour envers elle que l'admirable *Mort d'un Personnage ;* et Giono sent au plus profond de lui ce qui le lie à cette frêle figure, toujours inquiète

Pauline Giono vers 1895.

pour ceux qu'elle chérissait : « *J'ai hérité de ma mère... cette sensibilité angoissée, un peu faible, un peu gémissante... cette peau si mince qu'elle n'est plus une protection, mais seulement comme un enduit de glu qui colle mes viscères à vif sur le monde* ». (*L'Eau vive*)

Ainsi croît « le petit du cordonnier », comme disent les voisins, l'enfant unique aussi choyé que le permet la pauvreté des parents, dans cette atmosphère de confiance et de rêve ouvert sur le monde que connaissent les enfants heureux. Il s'accroche à tout, déjà il jouit de tout, il est le perpétuel émerveillé. L'étonnement candide devant chaque chose et chaque être est le commencement de la poésie : « *J'étais sans vanité, je le suis toujours. J'accepte avec beaucoup d'humilité toutes les invitations à creuser et même à m'ébahir sur place* ».

Lorsque le petit garçon a fait sa provision de vives sensations, il s'assied sagement au coin du feu, ou dans l'ombre d'une cabane. Il écoute le père qui parle du monde et du mystère, la vieille et ses contes ou récits d'autrefois, le berger que les heures de solitude ont nourri de légendes, de superstitions, de poèmes. L'immense richesse de la tradition populaire passe en lui, avec les rêves qu'il tire sans cesse du réel à force d'amoureuse passivité, d'immobilité et de silence : « *J'ai toujours détesté la foule. J'aime les déserts, les prisons, les couvents.* » *(Voyage en Italie)* L'enfant sait déjà d'instinct que le merveilleux vient à celui qui l'attend sans gestes et sans exigence précise. L'arrière-boutique de l'épicerie de Manosque où l'on s'asseoit, les bras ballants parce que l'on n'a peut-être pas deux sous pour acheter un bâton de vanille, apporte le monde entier sur ses odeurs sans qu'il soit besoin des souks d'Arabie.

1905

Inconsciemment ascétique, l'adolescent parvient peu à peu à une sorte d'ivresse dans le vide, de plénitude sans aucune prise, d'éclatante richesse sans possession. Par une ironie qui est bien aussi une récompense, c'est le service militaire, dont l'absurde contrainte aurait pu rebuter jusqu'à la révolte une telle sensibilité, qui achève au contraire de la délivrer

1915

« C'est à la caserne que j'ai pris goût à ne pas posséder, à ne pas avoir, à être privé des choses même essentielles, comme la liberté... »

Fidèle à cette sorte de révélation personnelle, Giono (qui refuse toujours de manger une salade autrement qu'à l'huile d'olive ou de mettre un veston pour aller dîner), évite de s'attacher justement à ce qui est considéré comme important, n'appelle et ne veut rien, s'en remet à la vie comme elle va. Il peut se passer d'argent ; il se moque des honneurs ; il a oublié de voyager ; avec un papier et un crayon, il est content partout.

Jeune homme, Giono n'avait guère qu'une passion active : celle de rendre à ses parents affection pour affection, dévouement pour dévouement. Son père vieillissait, et il lui fallait toujours gagner durement sa vie... A seize ans, à la veille de passer son baccalauréat (il a reçu une bourse, et prépare sciences-langues), il décide tout naturellement d'interrompre ses études, parce qu'il ne veut pas attendre plus longtemps avant d'aider ses parents. On offre au petit du cordonnier, si bien élevé et si instruit, une place de commis-grouillot, chasseur, un peu tout cela — aux appointements de 10 fr par mois. C'est ainsi qu'il entre, avec prudence, timidité et vive satisfaction, au Comptoir National d'Escompte de Manosque. Et tout naturellement aussi, immobile derrière les guichets, il « prend goût au racinage », à cette vacance du corps, habitué aux mêmes gestes réduits, qui permet le plus libre vagabondage de l'imagination.

La cour de la maison des Giono.

PAN, OU LES VASES COMMUNICANTS

> *« Jean Giono : écrivain français vivant,
> né à Manosque, ne sait pas nager. »*

Car déjà l'irrésistible vocation s'éveillait. Avec la brusquerie des révélations poétiques. Un jour on envoie le petit commis porter des papiers au Comptoir d'Escompte de Marseille. Dans le train il a emporté un des quelques livres qu'il peut acheter avec son argent de poche : c'est *Le Livre de la Jungle* de Kipling. Une phrase tombe sous ses yeux : « Il était sept heures, par un soir très chaud sur les collines de Senoe ». *« C'est cette simple phrase, dit Giono, qui a tout déclenché. J'ai senti avec certitude que j'étais capable d'écrire moi aussi :* « Il était sept heures, par un soir très chaud sur les collines de Senoe », *et de continuer à ma façon. »*

Le petit commis rêve sur ses paperasses ; il dévore de plus en plus avidement tout ce qui peut soutenir, exercer sa passion d'apprendre et d'exprimer, et le soir, sous la lampe, il écrit.

Chez son père, il n'y avait guère que trois ou quatre livres : le *Jocelyn* de Lamartine, les *Poésies* de Malherbe, Saint-Thomas et la *Bible*. C'est le Livre qui a nourri toute son enfance. Son père le lui lisait tous les soirs, beaucoup moins comme un texte sacré que comme un magnifique poème. On en retrouvera les cadences, la majesté, l'atmosphère patriarcale, dans la peinture des pasteurs et des riches paysans de *Batailles dans la Montagne*. Bourrache, Sarah et le vieux Boromé, Rachel la prostituée, sont des figures de l'Ancien Testament et, puritains d'aujourd'hui, s'expriment comme les prophètes anciens : « *L'archange fauche le blé du monde... Préparons-nous à être versés dans le pétrin du Seigneur* ».

Au lycée, un bouquin classique, une leçon de musique, avaient ouvert à l'enfant un monde nouveau et merveilleux : *Le Poids du Ciel* nous confie qu'à quinze ans « *les noms de Virgile, d'Homère et de Mozart le saoulaient rien qu'à les prononcer* ». S'il avait eu de l'argent, ensuite, Giono aurait été tenté sans doute par Gide et les premiers Proust, ce qui n'eût pas été mauvais (il n'a jamais lu Gide, qui lui fut un grand ami), ou par le roman dont on parle, ce qui eût été regrettable. Son salaire misérable lui enlève tout choix : il peut à peine prélever de quoi acheter les classiques dans les petites éditions populaires à 50 centimes... Ceux qu'il lit donc, dans l'enthousiasme, ceux qui ont formé et marqué pour longtemps son style, s'appellent Homère (il préférait l'*Odyssée* à l'*Iliade*), les Tragiques Grecs, Virgile, — et puis Stendhal, Dostoïevski, Shakespeare. A vingt ans, grâce à sa pauvreté, il avait lu tous les classiques Garnier. Il possédait d'ailleurs une bibliothèque d'une centaine de volumes, une bibliothèque énorme pour Manosque...

Pendant dix-huit années, un Jean Giono sans histoire travaille derrière les guichets de sa banque, part pour la guerre et en revient un peu miraculeusement, se marie, fait un enfant, marche sac au dos sur les routes, bavarde avec les

1930   *Avec sa femme.*   *A Lus-la-Croix-Haute.*

bergers au coin de l'âtre. Il s'est lié d'une amitié discrète avec le peintre Lucien Jacques, avec des jeunes plumitifs de Marseille. Personne ne sait qu'il a publié quelques vers dans leur revue : *La Criée*. Très peu savent que Lucien Jacques a assumé les frais d'un petit tirage de poèmes en prose, mi-antiques et mi-provençaux — tableautins rustiques, bucoliques, subtils, d'un art très sûr dans la langue et le rythme : *Accompagnés de la flûte*.

On y trouve beaucoup de myrtes et de lauriers-roses, d'invocations à Cypris, de proues glissant sur les flots et de jeunes gens couronnés de violettes. Mais déjà, quelle

Avec Honegger.

Avec Lucien Jacques.

finesse et quelle maîtrise : « *Le silence aux dents serrées marche, pieds nus, au long des chemins...* », « *La terre et ses vagues noires où les mauvaises herbes coupées moussent comme une écume verte...* »

Vers la trentaine, Jean Giono, le cœur et le pouls encore tout battants des cadences homériques, l'imagination enfiévrée d'images fortes, naïves et fines, compose, un soir sous la lampe, son premier livre : *Naissance de l'Odyssée*. Récit plein de charme et de malice, où l'auteur nous restitue sans jamais la plagier l'atmosphère des vieilles légendes : l'île de Calypso, Nausicaa, Ithaque et le vieux porcher ; où il les plie en souplesse à sa fantaisie, les assaisonnant du charmant irrespect que l'on témoigne à ce qu'on aime trop pour n'avoir pas envie de rire... Cette apologie souriante de la fabulation, cette joie de conter pour conter, cet humour plein de sagesse, ne se retrouveront plus de longtemps sous la plume de Giono. Le courant est comme interrompu par l'ardent amour de la terre, des étoiles, du charme des saisons, des béliers, des montagnes, et aussi des hommes qui aiment tout cela. Mais il demeure, souterrain ; c'est bien lui que nous verrons ressurgir vingt ans plus tard avec les vagabonds, les cavaliers, les charmeurs et les menteurs des *Chroniques*. En attendant, l'éditeur Grasset refuse *Naissance de l'Odyssée*.

L'inconnu ne se décourage pas. Il y a toujours des revues, inconnues elles aussi du grand public, qui vivent ou vivotent à coups de sacrifices et grâce aux mécènes, et n'ont rien de plus pressé que de publier ce dont les autres ne veulent pas, pourvu qu'on y décèle quelque originalité, peut-être même les limbes où le génie attend sa délivrance. La plus méritante entre les deux guerres, la plus victorieuse, a sans doute été *Commerce*, qui lança Fargue, Valéry, Joyce et quelques autres. *Commerce* publie *Colline*. Et Gide publie par tout Paris qu'un Virgile en prose vient d'éclore en Basse-Provence. Grasset cette fois bondit sur l'inconnu : avant de « sortir », *Colline* est déjà célèbre. La même année, et la suivante, paraissent — avec *Solitude de la Pitié* — les deux autres volets du triptyque : *Un de Baumugnes* et *Regain*. La figure du nouveau conteur, du romancier rustique et lyrique, au style original et insistant jusqu'à irriter beaucoup de lecteurs, est désormais affirmée, avant même que ne soient venues la grandir et la renforcer les œuvres postérieures : *Que ma Joie demeure*, *Le Chant du Monde* ou *Le Serpent d'Étoiles*.

Lettre de Gide : 29 mars 1929.

29 Mars —

Mon cher Giono

Vous m'aviez écrit la meilleure des lettres
et je veux que vous sachiez combien m'est
précieux le témoignage de votre sympathie.
Je vous sais grand gré de ne me l'avoir pas
fait sentir trop tôt; elle m'eût gênée et eût
plutôt retenu la mienne lorsque je lisais
Colline et un de _Baumugnes_. Je n'en
avais pas besoin pour vous aimer, et doutais
alors qu'une réciproque fût possible; mais
suis heureuse que vous me rendiez particulièrement
digne de vous comprendre et de vous louer.

La naissance de l'Odyssée ne m'avait
pas beaucoup plu; les qualités précieuses
trop éparses et diffuses dans ce livre, je
les retrouve concentrées dans ce cahier
de l'_Artisan_ que vous voulez bien m'envoyer
et dont je vous remercie. Mais j'ai plaisir
à voir la date 1924 — car, depuis...

Si sauvage que vous soyez, craindriez-
vous de venir cet été à Ponlyny, où

doivent se réunir autour d'un sujet littéraire
une trentaine de gens de divers pays — dont
divers écrivains français qui souhaitent vivement
votre présence, et au nom desquels je vous
écris. J'aurais personnellement grand plaisir
à passer près de vous quelques jours. Aucune
contrainte ; aucune obligation de discourir ; certains,
comme Martin du Gard, n'ouvrent la bouche
que dans les entretiens particuliers, après que la
discussion générale (qui n'est pas indispensable)
a pris fin. Nous souhaitons que Chamson
puisse venir également, comme l'an
passé. Vraiment, si vous pouvez venir,
je crois que vous ne le regretterez pas.
Ne vous engagez pas avant d'en savoir plus
long ; mais dites-moi déjà que l'on a
quelque espoir de vous voir accepter.

Bien cordialement votre

André Gide

1929.
Première photo pour la presse.
C'est celle que Giono préfère
encore aujourd'hui.

Avec Jean Denoël
et André Gide
à Lalley, en 1936.

Lithographie d'A. de La Patellière pour Colline.

> ... *L'homme traversé, imbibé, lourd et lumineux des effluves, des influences, du chant du monde.*

La Trilogie s'appelle *Pan*. En même temps, Giono a écrit *Présence de Pan*, un petit volume de rêveries et récits sur la possession par la poésie ou la folie poétique, qui menace (ou qui sauve), dans l'air de ses montagnes.

Le souffle panique puisé aux sources antiques s'est désormais uni à la terre de Lure et de Baumugnes, aux montagnes âpres où brûlent le soleil et les odeurs aromatiques, aux sites grandioses, pays de haute tradition pastorale et poétique.

La montagne seule accomplit, dans son silence et sa nudité, l'union de l'homme avec l'univers, affirme dans sa dureté même cette solidarité, bien plus, cette porosité — qui mêle chaque être à tous les autres, transvase les sangs et les souffles. « *La montagne est ma mère. Je déteste la mer, j'en ai horreur* », assurait Giono, encore tout récemment *(Voyage en Italie)*. Il n'aime pas non plus la plaine, trop grasse et fertile, qui amollit ses habitants, rend les femmes comme ballottantes de chair trop riche, met des boutons au coin de la bouche un peu veule du jeune fermier. Alors que là-haut les filles sont nerveuses, dressées comme des iris, et les gars ont une peau d'abricot.

La vallée de la Durance vue de Ganagobie.

Là-haut sur les rochers, entre les buissons secs odorants, ou dans les forêts et les hauts herbages, la vie est puissante et simple, le rythme des jours est celui même de la nature. Les vents enveloppent tout. Les hauts plateaux sont des lieux d'exaltation, de communion, agités d'un frémissement continu, d'un langage, comme les chênes de Dodone. Et ce langage dit que tout est vie : désir, plaisir, douleur, croissance, échange. Qu'un paysan de *Colline* écrase un lézard, fende la terre, abatte un tronc, c'est tout comme : « *Il pense : il tue quand il coupe un arbre. Il tue quand il fauche... C'est donc tout vivant ? Tout, bêtes, plantes, et qui sait ? peut-être les pierres aussi...* »

Panthéiste pur, Giono ne fait aucune place à un Dieu transcendant, dans cet univers de la Vie adorée pour sa vaste simultanéité et ses échanges incessants. Et même s'il montre le plus humble de ses personnages marchant avec simplicité parmi « *l'immense troupeau des Dieux* », ces dieux ne sont guère personnifiés : ils demeurent, très terrestrement, âme et beauté des arbres, suc et cœur éclatant des végétaux, instinct de s'ébattre et d'aimer des jeunes bêtes, douceur féconde des femmes. Bien que le sens du geste rituel soit très puissant chez le poète, bien que tout cela soit l'émanation d'un principe unique à peu près divinisé : la Vie, il y a là peu de mysticisme, encore moins de religion au sens strict du mot. Si Giono se déclare « *sensible au mystère de l'Univers* », il avoue aussitôt « *n'être pas doué pour Dieu* ». Dans ses œuvres « paniques », bêtes, hommes, étoiles et plantes communient comme étant un seul corps chimique composé, qui sans cesse aussi se décompose. C'est une matière en transformation, rien de plus. Si Giono est un mystique, c'est un mystique matérialiste à la façon de Lucrèce. (« *Je suis si peu religieux*, confesse Giono, *que lorsque je lis le* Port-Royal *de Sainte-Beuve, je suis obligé pour bien comprendre de remplacer* janséniste *par* communiste. »)

La communion universelle, c'est pour Giono une constante émotion sensuelle mais chaste, ou du moins jamais trouble : une fraternité de consanguins, une joie de *participer*, jusqu'aux étoiles. « *Regarde les signes* », dit Bobi, le poète de *Que ma Joie demeure*, devant les constellations, semblables aux lettres mystérieuses d'un alphabet parallèle à celui des humains. « *Les arbres avaient l'odeur puissante de quand ils sont en amour* », dit Giono. Et encore : « *L'homme est comme un feuillage* [à travers lequel] *il faut que le vent passe pour que ça chante* ».

Le plus souvent l'homme est grandi d'être identifié aux choses pures du monde, à l'étoile ou à la feuille, à l'agneau ou à la vague, mais comme l'homme est grand lui aussi, il arrive qu'il honore la nature en la modelant à sa ressemblance. Et si un vent d'orage au printemps se calme et s'endort, c'est « *avec à peine la respiration paisible d'un beau travailleur qui se repose en souriant* ».

Lorsque Giono écrit : « *les orages, le vent, la pluie... je n'en jouis plus comme un homme, mais je suis l'orage, le vent, la pluie* », on songe que Colette aurait pu, elle aussi, écrire cela. Elle l'a sûrement senti ou pensé. Mais Colette (sur qui Giono déclare « *n'avoir pas d'opinion* » — je crois qu'il ne l'a guère lue), Colette ne cherche jamais à exalter cette union jusqu'au mythe, encore moins à la rattacher à une vision cosmique. Si leur façon d'éprouver et d'exercer la sensualité est analogue : impression directe, authentique, objet saisi comme du dedans avec une précision subtile, à Colette suffit cette impression, et cette inconsciente identification. Elle ne cherche pas à la transfigurer, à l'insérer dans une *weltanschaaung*. Jouissance aiguë et paisible à la fois, qui ne suffit

45

pas au Giono de 1930 : il est en proie à une possession quasi-divine, il est dans l'*enthousiasme*. Il faut qu'il décuple et centuple la sensation en se fondant avec elle dans l'univers. Du ciron aux espaces stellaires, il communique avec tout, il *est* tout.

La nuit étoilée a tout naturellement une sorte de priorité parmi les personnages du romancier-poète. Entre les feux et le ruissellement des troupeaux avant l'aube, entre les récifs des châtaigniers et la terre comme un navire, c'est elle qui pénètre jusqu'au « *rebord des ridelles* » et jusqu'au cœur des hommes dans *Le Serpent d'Étoiles ;* c'est elle qui unit la pastorale cosmique des bergers à la musique des sphères.

Dans *Colline*, c'est l'eau qui est le principal personnage, l'eau synonyme de la vie, l'eau dont la source est soumise au grand secret que possède le sage, le mage, le terrible Janet : l'union avec les bêtes et les plantes. Dans *Que ma Joie demeure*, c'est la terre, maternelle et dure, pleine d'arbres et de fleurs, pleine aussi d'effluves qui peuvent rendre fou, amère et douce, toute mêlée aux joies et au tragique du destin des hommes qui vivent contre elle.

Pleine encore de bêtes. Les bêtes, intermédiaires entre l'homme et le règne de l'inanimé (en apparence), sont comme des médiums à travers lesquels se dévoile et s'enveloppe le mystérieux univers. Leurs gestes souples, leur regard de sommeil, leurs cris étranges, deviennent nos complices dans l'effort de saisir le monde.

Il y a dans *L'Eau Vive* un merveilleux poème que Giono prête à un maquignon, et qui est digne de lui :

> *Cheval roux avec tes lunes*
> *Quand tu courais au champ de foire*
> *rien qu'à regarder ton grand dos*
> *et le jaillissement de tes jambes*
> *on voyait aller et venir*
> *le Monde entre les platanes.*

Les noces des chevaux, dans *Que ma Joie demeure*, sont un admirable morceau. On pense à tout ce qu'on a vu de plus beau : la frise du Parthénon, les crinières de Chirico, la Camargue nue et les reins de *Crin Blanc*.

Dans le même livre courent le grand cerf lentement apprivoisé, les biches agiles et chaudes à l'approche du mâle, ou bien ivres de lune. Dans *Le Serpent d'Étoiles*, comme dans tous les premiers romans, le bélier et la brebis sont les compa-

46

gnons de l'homme de Provence, sa richesse et sa plus sûre instruction sur le monde. Aucun animal n'est exclu : « *Je n'ai jamais eu peur des serpents* », dit Giono en son nom dans *Jean le Bleu*. « *Je les aime comme j'aime les belettes, les fouines, les perdreaux, les hases, les petits lapins, tout ce qui n'a pas la hantise de la mort et l'hypocrisie de l'amour.* » Si les serpents ont même une place de choix dans son bestiaire, c'est qu'ils sont « *d'admirables bêtes paisibles et sensuelles, nées au plus creux du monde* ». Ce qui est le plus près — si l'on peut dire — de la matrice des choses, cela est le plus précieux.

Les bêtes, la compréhension intime des bêtes, cela fait partie des « vraies richesses » que Giono et ses amis voulaient goûter sur le plateau du Contadour : « *Pareil au dieu je sentais ma tête, mes cheveux, mes yeux remplis d'oiseaux... ma poitrine gonflée de chèvres, de chevaux, de taureaux* ». Aussi est-ce aux plantes ou aux bêtes que Giono compare tout naturellement les personnages sympathiques, les êtres purs. Dans *Que ma Joie demeure*, la noblesse de Bobi est tout de suite pressentie parce que « *ses épaules et son dos étaient comme des montagnes en marche et l'arbre de sa tête était un arbre. Il fascinait comme une étoile, par la lueur de sa peau* »; et le visage de la jeune fille Aurore charme à cause de « *la bouche tendre comme une cerise* » et du « *petit menton doux comme un genou d'agneau* ».

Malheur à qui méconnaît et méprise les bêtes ! Dans *Le Serpent d'Étoiles*, triomphe le grand piétinement du troupeau en révolte parce qu'un homme a frappé un bélier. Dans *Solitude de la Pitié (Prélude de Pan)*, pour l'amour d'une colombe blessée par un villageois, le mystérieux étranger apporte des maux terribles...

*Lithographie de Jacques Thévenet
pour* Un de Baumugnes.

*Un homme comme les autres, sans noblesse
théâtrale...*

A côté de l'arbre et de la bête, Giono peint l'homme des
régions âpres et stériles, isolé, luttant chaque jour pour
vivre, nullement privilégié vis-à-vis des animaux et des
pierres, nullement roi de la création, soumis à des signes
qui le dépassent. Cet homme bâti comme les autres est plus
grand et plus heureux dans la mesure où il accepte et magnifie
ces signes et, consciemment ou non, les interprète ; dans
la mesure où il communie avec cette nature ingrate et superbe,
où, peut-être, il fait sa joie de sa tragédie. Il est grand s il
se laisse·envoûter par la grandeur qui l'entoure et le sollicite,
s'il devient tout spontanément le paysan-poète.

Ces choses-là ne sont possibles que sur des hauts-lieux. En
des points privilégiés, assez rares. Mais il suffit d'avoir entrevu
les collines et les rochers sauvages de la Haute-Provence,
les villages morts de soleil, les plateaux nus glacés de vent,
brûlés, ivres de senteurs sèches, pour admettre que *tout*
y est possible.

On s'est copieusement moqué des bergeries lyriques et des âges d'or, des cris, du « grand style » et des prétentions cosmiques des paysans de Giono. S'il est vrai — l'étude du style l'indiquera — que l'on peut reprocher à l'auteur *parfois* quelque excès lyrique ou quelque affectation (et seulement jusque vers 1940), en toute bonne foi on s'aperçoit que l'ensemble peut être absolument authentique, compte tenu de la transposition que tout créateur fait subir au réel. Il y a là, c'est vrai, un « univers Giono » extrêmement personnel, un style dont les *leitmotive* et les tics peuvent agacer parfois. Mais à la base il y a ce paysan au cuir tanné, ce chemineau, mieux encore ce berger des hauteurs qui, quotidiennement imprégnés d'une atmosphère intense, pure, solitaire, peuvent bien avoir un appétit d'invisible et de beauté plus intense que les gens d'en-bas. Aujourd'hui Giono peut peindre — parfois semble peindre de préférence — la cruauté ou la rudesse des mœurs. Mais il n'a pas attendu l'après-guerre pour se défendre contre la « légende des édens » colportée par les détracteurs de ses premières œuvres : « *Il n'est pas question d'édens campagnards. Qui a parlé d'édens campagnards ?... Il y a partout la peine des hommes. Je dis seulement que la grande question est d'avoir une peine à sa taille* ». (*Le Poids du Ciel*)

L'évolution est accompli lorsque Giono déclare dans le récent *Voyage en Italie* : « *Je suis loin de croire au bon sauvage, et même au bon n'importe quoi.* » Mais déjà l'auteur de *L'Eau Vive* apparaissait très lucidement en garde contre la tentation d'enfler la bonté ou le génie paysan : « *Le lyrisme des hommes de la terre, le lyrisme des artisans, ne s'élève jamais bien haut. Il y a le boulet du métier... Quand j'ai vu ça, ç'a été une grande désillusion.* »

Seulement il y a le berger, le chef-berger surtout, le baïle — malgré « *la petite moue* (des amis pour qui) *ce mot : berger, faisait naître ou bien l'image de l'heureux Tityre, ou bien la vieille silhouette du grand-père...* » Ses pouvoirs réels, ses chants, son instinct poétique n'empêchent pas d'ailleurs qu'il soit « *un homme... assez souvent petit et noiraud...* » Mais il n'est pas du tout invraisemblable que ce petit homme singulier et solitaire adresse des hymnes aux sourdes puissances qui régissent sa vie, qu'il connaisse le langage des grands béliers, et qu'à cause de tout cela, au moins à certains moments, il ne parle pas le langage des hommes ordinaires, mais celui du « *Serpent d'Étoiles* ».

C'était matin de bonne heure. Je suis
au bout de la route et j'attends la
camionnette qui ramasse le lait.

(Les grands chemins)

Le paysan des collines ou l'artisan de village, Giono l'aime aussi fraternellement. Mais s'il en fait un poète lyrique, il s'agit d'un lyrisme plus familier, et il ne laisse pas d'en peindre la vie selon la rude vérité quotidienne. Ne peut-elle pas cette vérité quotidienne, inspirer pourtant au potier de *L'eau Vive* sa poétique et profonde pensée : « *Ce qui compte dans un vase, c'est le vide du milieu* » ? Comme Giono, il a commencé par penser avec les mains.

Le poète redonne tout leur *charme* aux légendes, aux coutumes, à la vieille magie toujours cachée au coin de l'âtre. Mais jamais il n'abuse de la couleur locale, jamais il ne recourt aux facilités du folklore. (Il y a par exemple, dans *Le Grand Troupeau*, le récit de certaine « *veillée funèbre à corps absent* » qui est un chef-d'œuvre où s'allient le ton familier et la grandeur, et qui annonce l'étonnante nuit des vieilles Parques dans *Les Ames Fortes.*)

Le monde paysan des premiers livres n'est pas si sublime ni si idyllique qu'on le croit à cause de quelques pages. On y voit moins de centaures que de chevaux et de vaches. Le Conseil de révision tel que le dépeint *Le Grand Troupeau* n'est guère plus ragoûtant qu'il ne le serait chez Zola : « *Des poitrines courbées en dedans ; des jambes torses ; des bras pliés ; des écrouelles ; des croûtes de mal...* » On pourrait encore citer, dans *Solitude de la Pitié*, l'histoire d'*Annette*, cruelle analyse de la méfiance et de la mesquinerie villageoises.

> « *Tout avait son poids de sang, de sucs,
> de goût, d'odeur, de son.* »

Cette dureté secrète ne s'épanouit que dans les derniers livres. Au début, elle est étouffée par le triomphe de la communion et la transfiguration sensuelle, — d'une sensualité puissante et raffinée, que le lecteur accorde sans doute à Giono, mais beaucoup moins volontiers aux paysans. Encore une fois, n'oublions pas qu'il s'agit de paysans beaucoup plus « primitifs » que le fermier moyen, réellement collés à la terre, vivant de sa vie, mêlés aux bêtes, aux plantes : à des bêtes et à des plantes plus sauvages, plus chargées d'odeurs et, peut-on dire, de présence, que celles d'en-bas. Ils sentent le poids des sangs et des sucs beaucoup moins que Giono, mais beaucoup plus que l'homme des villes.

« *Je sais que je suis un sensuel* », déclare Giono parmi les confidences de *Jean le Bleu*. Un de ces profonds sensuels à qui ne suffit nullement le contact de l'objet séparé, une mainmise toujours superficielle : « *L'ordinaire romantisme de mon appareil sensuel me pousse à m'accrocher... à joindre, à pénétrer, à m'effondrer dans les choses* » *(L'Eau Vive)*.

C'est une fusion totale, et à peu près incessante en même temps qu'une parfaite justification de la vie. Le monde sensible est « *une fontaine au bord de notre route. Celui qui ne boira pas aura soif pour l'éternité. Celui qui boira aura accompli son œuvre* ». Dès lors, promesse de bonheur sans trêve, infini goûté sur la terre, la sensation devient le pivot de la vie. Débauche sereine, orgie raisonnable, sans recherche, sans désir de possession, sans avarice.

On n'en finirait pas d'énumérer les notations de cet ordre, les mille actions de grâce à toutes les sources de plaisir. Cela va de la recette de cuisine à la haute béatitude des soirs, de la plus fugace sensation à la plus écrasante ou à la plus exaltante : « *Quand il les eut hachées lui-même et pétries et mélangées aux épinards, aux oseilles, aux pousses vierges de carde, avec le quart d'une gousse d'ail...* » (*Que ma Joie demeure*). « *Te voilà hérissé de soleil, libre de marcher dans les épines, et les épines cassent sous ton talon, et ta tête bourdonne comme un nid de guêpes...* [La source] *coule sur ton cœur comme sur une pierre de la forêt, et elle va polir ton cœur dans la juste forme des cœurs, et c'est un fruit vivant que tu vas maintenant porter dans ta poitrine, et le jus de ce fruit viendra sur tes lèvres...* » (*Le Serpent d'Étoiles*).

Tout est bon à cet avide : le soleil, les plantes parfumées, le vin noir et le feu, le bruit du poème et celui du vent, le fourmillement des bêtes et celui du sang — tout, même la senteur puissante d'une bête sauvage, même l'odeur « *toute épaisse de la mort* » ou celle du choléra qui triomphe dans *Le Hussard sur le toit*, même la vision du « *sein bleu de roi de quelque belle jeune femme encore chaude* ». (Et l'on trouve déjà dans *Jean le Bleu* une description de Manosque dans la chaleur torride, qui préfigure celles du *Hussard* : « *La ville à la fois cuite et pourrie, la ville qui sent mauvais comme un morceau de viande pourrie qu'on a mis à griller sur les charbons, la ville avec ses typhiques, ses fumiers...* »)

Pourquoi choisir, puisque cadavre ou jeune animal, sucs trop lourds ou frais parfums, tonnerre ou chant d'oiseau, appartiennent également à la vie universelle — immortelle dans son incessant renouvellement ?

S'il fallait toutefois marquer une préférence, il semble que celle de Giono aille aux odeurs. Il a gardé intact ce sens primitif de l'odorat que la vie trop civilisée émousse à coup sûr. Innombrables sont les odeurs chantées par Giono :

« *L'odeur des moutons coulait par les rues en pente... Elle s'ar-rêtait chez le menuisier, elle tapait du nez contre l'odeur des sapins morts, elle coulait un peu plus bas chez le boulanger, reconnaître le goût de fascine et de son...* » *(Jean le Bleu)*. « *Au joint des boutiques encore fermées suintait l'odeur des draps ou des cannelles, ou des vins dans des mesures de plomb, ou des livres, ou des parfums de coiffeurs, ou des cuirs, ou des fers, ou des couloirs avec des compteurs à gaz et des poubelles derrière les portes...* » *(Mort d'un Personnage)*.

Mais il y a aussi les lueurs roses des feuilles d'alisier, les bourgeons du saule qui sont lumineux, les irisations des vitrines, — et les colliers des chevaux qui sonnent, le bruit étouffé du cygne ou d'un pas de femme, un tintement de rosaire...

Parce que la perte du sens de la vue exalte l'ouïe et le tou-cher, les aveugles ont une place de choix dans le monde de Giono : celui de *Solitude de la Pitié* qui voit avec « *toute l'intelligence des doigts* » et peut affirmer : « *tout ce qui était autour de moi a dit oui* », dès le moment où il s'est abandonné à sa cécité ; celle aussi du *Chant du Monde*, dont Antonio aime la puissance secrète : « *Elle peut me toucher moi, depuis le bas jusqu'en haut, et me connaître. Elle peut toucher le fleuve, pas seulement avec la main mais avec toute sa peau* » (Giono l'a appelée : Clara).

Faut-il reprocher à Giono de prêter à ses personnages une sensualité trop raffinée pour être vraisemblable ? Mais le rôle d'un romancier n'est-il pas d'exprimer au nom de ses créatures (et d'ailleurs en son propre nom) la richesse de vie que les hommes possèdent sans toujours le savoir ?

Pourquoi le paysan-poète n'éprouverait-il pas presque toute cette riche gamme de sensations, même s'il n'en a pas pleinement conscience et si les mots lui manquent ? Pour-quoi Bobi ne penserait-il pas : « *Il y a des choses qui par leur goût ou leur couleur, quand on les a sous la langue ou dans les yeux, font joie* » ? La seule petite erreur, c'est que si Bobi le pense, c'est Giono qui l'exprime — avec parfois insistance ou, comme ici, fausse simplicité. La grandiloquence, l'affé-terie, l'accent artificiel reprochés au Giono des années 30-37, tiennent le plus souvent à de très petites maladresses de style. Lorsqu'il s'agit d'une insistance, d'une sorte de lour-deur morale (et parfois sentencieuse), c'est évidemment plus grave. On voit déjà poindre celui qu'on a appelé, avec une ironie d'ailleurs assez injuste, « le mage du Contadour ».

« *L'odeur des moutons*
coulait par les rues en pente. »

CE QUI BOUT
DANS LA MARMITE DE SORCIÈRE

> *Je chante le rythme mouvant et le désordre.*
> (1943.)
> *J'ai grand plaisir à écrire avec le plus*
> *d'économie possible.* (1953.)

Dans cette marmite de sorcière où s'opère la création artistique (l'image est de Montherlant), Giono a fait bouillir des choses assez différentes, selon les temps. A l'époque où nous le prenons tout d'abord ici — avant la coupure de la guerre — il est en pleine possession d'un talent original et puissant, qui évoluera avec une si ferme régularité qu'il semble aujourd'hui être tout différent de ce qu'il a été. Ceci n'est pourtant que l'accomplissement de cela : en étudiant le premier Giono on voit apparaître déjà les constantes ; la moelle et les nerfs de l'œuvre, non point certes identiques mais caractérisant bien *cet écrivain-là*.

Le style a considérablement évolué dans le sens de la concision, du choix rigoureux. Au début, le poète en prose fait trop confiance à ses dons formels, qui sont éblouissants. Aujourd'hui il rature, alors qu'avant (jusqu'aux *Ames Fortes*, précise-t-il), il livrait presque toujours à l'impression le premier jet ; les derniers volumes, *Le Moulin de Pologne* et *Le Bonheur Fou*, ont été travaillés et retravaillés.

Le Giono de *Que ma Joie demeure* ou du *Serpent d'Étoiles* prend un plaisir évident à faire défiler des phrases riches et cadencées. Fils enthousiaste des Anciens et des conteurs populaires de Provence, il a double raison d'adopter, chaque fois qu'il se peut, un style oral ; mais l'excès détonne, et semble affecté : l'abus des répétitions, par exemple, des phrases brèves et sans verbe, des explétifs ou des interjections qui font piétiner le dialogue. Et il est vrai que les paysans parlent ainsi ; mais il est vrai aussi qu'il faut choisir quelques traits de leur langage et non le copier, sous peine d'agacer le lecteur.

Giono, qui ne s'intéresse pas outre mesure au provençal, et pas du tout au félibrige, a su éviter le piège du parler patoisant. Mais il n'évite pas les « *Enfin finalement* », « *Faut que je vous dise que...* », « *Je vais voir, il dit — Attendez-moi, il dit* ».

On ne peut guère lire sans irritation plusieurs dialogues de ce type :

— *On sème aujourd'hui ? demande le fils.*
— *On sème aujourd'hui, dit Carle.*
Ils rentrèrent dans la cuisine.
— *On sème aujourd'hui, dirent-ils.*

Et que dire des candeurs qui si aisément paraissent fausses ? La femme du berger du *Serpent d'Étoiles* par exemple, qu'on appelle « la madame » : « *Elle a parlé tout continue, toute chaude de son chaud* ». A l'inverse, Giono prête parfois à ses personnages une langue peu vraisemblable. On doute par exemple que le berger du *Serpent d'Étoiles*, au vocabulaire savoureusement populaire, puisse se demander, à propos des jeux des bergers, « *si cette cérémonie était de tradition ésotérique* », déclarer que « *l'esprit est saisi par la noble tristesse et le souvenir des hauts lieux* » ou encore voir dans l'herbe écrasée « *la litière des dieux* ».

En revanche, que d'inventions verbales charmantes, prêtées à la spontanéité populaire ! Ainsi Janet, dans *Colline*, expliquant le rôle de Dieu : « *Il est le père des caresses. Il a un mot pour chacun :* « *Tourtoure, route, route, renar, nare* », ou : « *... lagremuse, muse, musette, museau du veau dans le seau* ».

Quant à la beauté du rythme, faisant ressortir celle des images, elle est d'un Maître : « *La grâce sans défaut des nombres liée à la cadence de ses pas, au mouvement de ses hanches, enivrait le monde, et le silence la suivait* ». Ou encore cette phrase exquise du *Serpent d'Étoiles*, montrant les enfants qui « coulent » des jupons de leur mère, magicienne des montagnes : « *Et d'elle en dernier sortit, pâle, rousse, laiteuse et salée comme un matin d'avril, la jeune sorcière aux yeux de gentiane* ».

Le lyrisme emporte quelquefois le Giono du *Chant du Monde*, par exemple, à ces « grandes phrases » qu'il répudie alors. Plus tard il n'aurait certainement pas écrit : « *Malgré le grand vent le navire de la mort portait toutes ses voiles jusqu'en haut du ciel comme une montagne* », surtout lorsqu'il s'agit de traduire les pressentiments du rude Matelot. Il ne parlait plus qu'avec une grimace d'insatisfaction de certaines œuvres de sa jeunesse ou même de sa maturité. « Que ma Joie demeure *est celui de mes livres qui m'est le plus désagréable. Ni l'idée ni le style ne me plaisent plus. On peut y trouver quelques morceaux d'anthologie, c'est tout. Je n'aime plus également* Batailles dans la Montagne. *J'ai voulu employer un style boueux pour peindre la boue — le résultat est illisible* ». Signalons en passant que Giono, juge sévère de soi-même, garda longtemps dans ses tiroirs un roman achevé, *Deux cavaliers de l'Orage*, ne voulant pas le publier parce que « raté », ni davantage le remanier parce que son style « *a trop changé* ». Pourtant il a paru finalement (remanié ou non ?).

A d'autres moments l'écrivain insiste au contraire sur l'aspect de continuité : son style a évolué dans la stricte mesure où son « univers » évoluait. Il a peint d'abord le milieu qu'il connaissait bien, paysans et bergers, et puis l'envie lui a pris d'inventer des personnages, de les situer dans des atmosphères tout autres, bref, d'élargir indéfiniment son champ de vision : le style des œuvres lyriques ne convenait plus aux *Chroniques*... Et Giono de rappeler que, longtemps avant la guerre, il écrivait des contes qui ne procédaient que du plaisir même de conter, d'inventer. Ou bien que, dans le temps même où il écrivait *Batailles dans la Montagne*, en 1936, il composait les deux cents premières pages du *Hussard sur le toit* — et qu'il ne les a pas modifiées, quinze ans plus tard, pour leur publication. Ou bien encore qu'il a toujours « *mis au-dessus de tous les autres écrivains* » ce Stendhal avec qui sa filiation apparaît si nette depuis une quinzaine d'années, mais point auparavant. « *De Stendhal je connais tout* » déclare-t-il aux « Nouvelles Littéraires » en 1953, *les textes retrouvés, les* marginalia. *Il est le seul qui m'ait* toujours *donné une satisfaction totale. Peut-être parce qu'on trouve chez lui à la fois la rigueur et la richesse - mélange si rare.* »

Quoi qu'il en soit, c'est seulement dans l'âge mûr que son style s'est rapproché de Stendhal — jusqu'à le frôler parfois. Comme chez Stendhal, la passion est loin d'être absente de ses derniers livres, mais il tient solidement son lyrisme en laisse, et de mieux en mieux.

Giono tire alors le maximum des ressources du langage français, creusant la souche selon le fil, d'une gouge experte et souple. Son style toujours harmonieux, aussi *exact* qu'original, est allé jusqu'à la violence, au caractère presque sacré, rituel, de la strophe, pour revenir à la prose narrative, simple en apparence mais délicatement articulée, secrètement rythmée, ordonnant les sensations au lieu de les exprimer pêle-mêle. Il est libre et large, débarrassé des *leitmotive* et des mots-clefs de jadis (« *le luisant* », « *le tiède* », « *le pétrissage* »), allant à son gré de l'*andante* à l'*allegretto*, ou même à l'*appassionata*, différent pour chaque notation mais gardant toujours un accent, un fumet, une unité qui est celle même du tempérament de Giono.

La jouissance qu'il éprouve encore (moins constamment que jadis) à faire foisonner le verbe comme une chose vivante, autonome, ne doit point nous tromper : ce romantique est en réalité un classique romanesque, qui peut donner toute licence à la sensation et à l'imagination parce qu'il garde les mots sous caution, en liberté surveillée.

Les livres qu'il préfère sont toujours les mêmes : « *Je relis constamment* l'Odyssée *et les Tragiques,* Virgile, *Don Quichotte, Montaigne et Montesquieu, Shakespeare, Dostoievski, Tchékhov, Gogol (surtout les Ames mortes, dont le titre a sûrement inspiré celui des Ames fortes), le Pascal des Provinciales, Retz, Machiavel. Je n'aime pas énormément Racine, Corneille non plus, et pas du tout Molière. Sur le conseil de Jouvet, j'ai passé trois mois à lire Molière ; c'était un pensum ; rien à faire !* »

Giono, comme jadis, en dehors du devoir « Goncourt », ne lit presque pas de contemporains — même les plus grands. Il se contente des fragments rencontrés dans les revues qu'il feuillette. Il leur préfère l'*Histoire de Cortes,* l'*Économie Politique* de Pareto, la *Correspondance* de Mérimée ou un volume sur *Le Brigandage dans les États Pontificaux* (mais

ce dernier, et quelques autres, servirent d'abord, je crois, à la documentation des aventures du Hussard).

Depuis *Moby Dick*, Giono continue d'entreprendre régulièrement des traductions, pour se distraire et parce que c'est pour l'écrivain un excellent exercice. Ne préparait-il pas dès 1960 une version française de *Simplicius Simplicissimus* de Grimmelshausen, dont le ton, tragédie traitée sur le mode badin, convient à ses inclinations actuelles ?

Si Giono se passionne volontiers pour la peinture, il « comprend beaucoup mieux les dessins », avoue le *Voyage en Italie*. Mais il n'éprouve pas le besoin de confronter avec les œuvres d'art originales son musée imaginaire. Dans ses souvenirs de Venise, par exemple, pas un mot sur Saint-Marc ou le quai des Esclaves. Une vendeuse de la Merceria ou un nain proxénète l'intéressent beaucoup plus que le passé d'art.

« *De tout temps férocement jaloux des peintres* », Giono ne s'est jamais déclaré jaloux des musiciens, parce que la musique est comme une part de lui-même. Il en a assimilé tout ce qui pouvait être transposé dans le domaine littéraire. Tous les soirs, sur son pick-up, il met quelque disque de Mozart qui, « *depuis sa quinzième année continue de le bouleverser* », ou de Vivaldi, Corelli, Scarlatti, Palestrina, Monteverdi, Cimarosa. On voit quel genre de construction le ravit ; bien qu'il aime aussi Haydn et Hændel, Bach et Beethoven. Il bâtit ses livres comme de la musique — comme une musique où le contrepoint se serait sans cesse enrichi. Car, assez linéaires d'abord, ils sont devenus *simultanés*. Dans la série du *Hussard* par exemple, *Le Hussard sur le toit* représente une ouverture à l'italienne, le *Bonheur Fou* est l'*allegro ;* le *Cavalier Seul* sera l'*adagio* de l'amour entre Angelo et Pauline de Théus. Quant à *Mort d'un Personnage* (la grandmère est, on s'en souvient, Pauline), le roman représente, bien qu'ayant été écrit avant les autres, le *finale* de l'œuvre. Ainsi chaque livre est construit sur un *tempo* différent, veut éveiller sur le même thème des impressions variées, à la manière d'une symphonie.

Documentation sur le choléra
pour Le Hussard sur le toit.

1929

1939

1949

1956

Je paierais pour écrire.

Dès l'origine, la constante fondamentale, celle qui donne au style aisance, naturelle souplesse, et mille bonheurs d'expression, c'est le plaisir d'écrire. « *Mon art a toujours suivi les pentes de mon plaisir... Il évolue comme mon plaisir* » (Interview dans *Les Nouvelles Littéraires*). Le mot revient constamment, chez cet homme heureux avant tout parce que depuis vingt-cinq ans il lui a été permis de ne pas passer un jour, ou peu s'en faut, sans écrire.

Comment construit-il, comment écrit-il ? D'abord, et toujours, il invente. Il ne bâtit pas d'après une histoire ou des personnages réels, il ne se documente pas, — sauf, bien entendu, s'il s'agit d'un roman « à fond historique » comme le *Hussard*. Mais il a presque toujours « détesté

65

Thérèse est dans
sa maison de
couture. — Elle a
sur le visage toute
la pureté et l'innocence
voulues pour commettre
ses crimes.

✳

Mais quelle allure
et quelle décision
dans son regard !

✳ Quelle volonté de
puissance

*Quelques photos ayant servi à Giono
lorsqu'il préparait* Les Ames fortes.

Thérèse le soir
de la veillée, elle
raconte son histoire

Madame Numance a fermé sa porte, elle porte sur son sein le petit mouchoir parfumé qu'elle fera sentir au cheval.

travailler sur du vrai ». La vue d'une photo jaunie, une phrase, une sensation fugitive suffisent à donner le branle à l'imagination, au subconscient, à l'étrange mémoire qui, en nous, conserve des souvenirs non-vécus : « *Ce que j'écris*, explique *Noé, même lorsque je me force à être près de la réalité, ce n'est pas ce que je vois, mais ce que je revois* ». Souvent c'est le soir, aux minutes privilégiées d'avant le sommeil, que la lecture d'un livre aimé suscite mille prolongements, ou qu'une simple phrase *accroche*, comme jadis celle de Kipling, en fait jaillir une autre, féconde, parfois toute différente.

Et l'auteur revoit, rêve, parfois bien sûr observe, consigne sur des carnets — bourrés de phrases écrites dans tous les sens — ce qui, entre cent notes dont il ne se servira peut-être jamais, formera l'œuvre future. Cependant qu'il n'arrête pas de ruminer quelque roman déjà sur le chantier, d'en préciser le scénario, et qu'il achève, de sa très belle écriture ronde qui méprise la machine à écrire, la version définitive d'un premier-né (ce qui consiste surtout à élaguer une matière volontairement trop riche).

un jeu de brutalité

Il fut touché par des gémissements de
On posta Angelo avec un peu plus de brutalité qu'il
ne fallait dans une grande pièce où se tenait
avec une rigidité affectée un homme d'une quarantaine
d'années en costume à la fois civil et militaire.

L'officier qui parle
de brutalité à Angelo
plus

en regardant de côté
d'une grande glace
où il se reflétait
voyait le reflet

Charles de Schwarzenberg
général de Nugent.

Mle le toisait avec une
haine qui pouvait bien
être assez flatteuse.

devant un homme
qui tenait toute
le vestibule
avec une rigidité de roi et un costume à la fois
civil et militaire

Veuillez vous commander qu'on ne laisse terme ce qu'on
fouillait le matin quelles dont se soir chargé sous l'autorité de Milan
où il y a une autorité à Milan.

Ethée de la piacera Belgiojoso (159)

Conformément à ce qu'on prétendre ces hommes, à la
Angelo, ils ne m'ont pas arrêté. Je me suis heurté
à leur soudan de monter le passage.

C'est en effet toi qui commandes ici ou le le
l'homme.

a cheval, encore in colère.

133 . 135   arrête-ale barricade. mené a l'Albergo Reale
la foule s'amasse devant l'hôtel. une in
Colonel. S. conversation. A est dit osant O Donell

1ᵉ jour
matin   A . mené au Gouvernement provisoire, anti = situation
du pays. Impossibilité d'aller plus loin. si le cahier
dont il parle écrit et s'il l'a perdu, c'est mais à cause
trop tard, plus loin il y a les avant fait rel'armée
autrichienne repris — A . autorisé à repartir pour
Milan. sans escorte (137) Angelo tout temps
furieux.   L'officier en colère

_____ les défont. les avatars
(139) 140 . 141 . 142 . 143 . 144 – 5 – 7 (les femmes
au balcon – changement 147) Allemands 138

autre
jour
2ᵉ j.   conduit à Montfleu (150) 51 . 52 . 53 . 54 , 55 , 56 .
57. pocure cheval (peut être lui fait vendre le sien
qui est toujours Albergo Reale) se mande s'il
veut une escorte.

—   Non, simplement l'autorisation d'aller me
promener a mes risques et périls dans Corso.
libre de toute escorte. si je suis seul on me
respectera — le peuple, etc…
il couche son un roman chez Montfiani isole
lendemain en plein jour (si il a peur que tout le
monde soit dans Corso j'el va faire des achats cigares

3ᵉ
jour   —   C'est peut-être un peu risqué, se dit-il mais j'en
ai besoin et c'est pour moi. j'ai assez fait tout
les autres jours pendant si ce de faire quelque chose
pour moi.
Départ
il voit le rehaut de Rattighy . le sac de
Skelagnano a plutôt sa conviction
et arrive à Milan
sans voir l'entrée des Piémontais .

Ils étaient arrivés en quelques jours de marche
dans les derniers contreforts du massif. Ils voyaient
d'un côté les falaises rouges que l'Atlas continuait
avant de couler un torrent sous les premiers et (?)
s'apercevaient dans le lointain de l'autre côté, les
plaines au fond desquelles bougeaient les masses noires
que l'armée piémontaise. (un peu l'été — très fort)

(creuser un plus ou moins de temps avant d'être dans les ??
champs de batailles

          Les uniformes blancs de régiment des français
      Charles enfanté

Après quelques journées de marche à la bonne ?? dans
un pays qui ne savait pas à quel ?? ils ??. ils
étaient arrivés dans les collines en bordure de la plaine.

groupés à l'ombre des arbres, alignés le long des
chemins, escaladant des fossés, poussant à la ??
des canons, patrouillant en tirailleurs, en file indienne
en escouade, voltigeant de ferme en ferme, les
redingotes blanches

.   dans premières heures du matin on entendait venir
de le bas
                    ce qui ressemblait à être son vrai ??

"le père coiffeur" s'appelait en réalité de ?? vrai nom
Giottini. Il ne ?? de cela quand il fut choisi sans
accompagner Bapolo avec Micheloti, ?? à la façon
des modèles.

De ici que "très belle". Il
                de faisait appeler
    (en tous cas de son vrai nom car il cachait le
      son nom ?? ne voulait pas en ??.
      Il s'appelait en réalité Giottini de son ?? son
      nom il le cachait

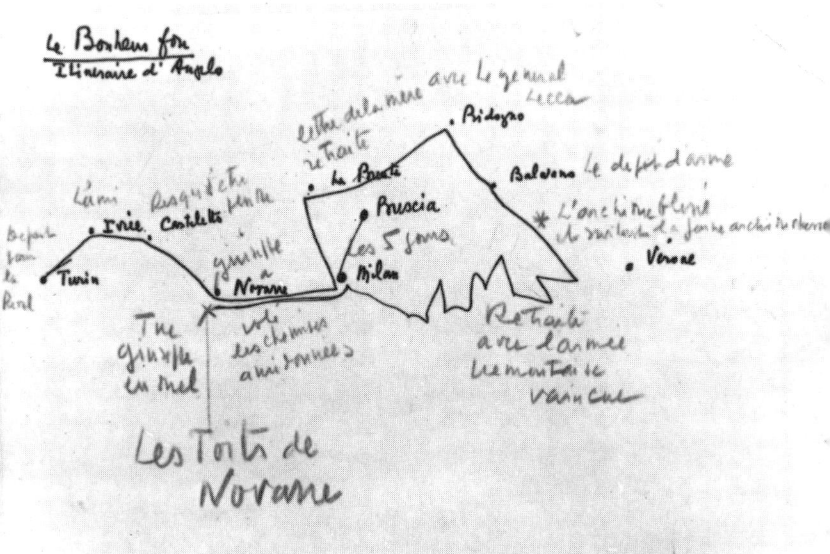

avec le general Lecca

cette de la mère retraite

la Bauté

Bridogno

Balvono Le depôt d'armes

L'ami Risques d'être Catuletto venta

Brescia

L'oncle me blâme
et me laisse à la ferme anchi tu chevrolet

Départ pour la Paul

Turin

Ivrée

giraffe à Novare

Les 5 jours

Milan

Verone

Tue giraffe en mel

vole les chemises abandonnées

Retraite avec l'armée Piemontaise Vaincue

Les Toits de Novare

LE BONHEUR FOU : deux étapes de travail.

I. Petit plan particulier *des aventures d'Angelo à Brescia : « Un jeu de brutalité ».* (*p.* 68-69).

II. Composition d'un texte : *Angelo passe un gué.* (*p.* 70-71).

Itinéraire d'Angelo (ci-contre).

Il s'est toujours laissé envahir par l'histoire qu'il conte, ce qui est, semble-t-il, la seule façon d'écrire un bon roman. Mais naguère il s'identifiait à peu près avec ses héros, amants de la terre, poètes de la montagne, guérisseurs. Désormais on le voit, ou on le devine de moins en moins sur la scène (« *Mais*, dit Giono, *je reparlerai peut-être un de ces jours en mon propre nom. Ça dépend du thème.* »). Mieux : à l'exception de la série du *Hussard*, qui est plus historique et d' « aventures » que psychologique, Giono tend de plus en plus à faire raconter le drame par un personnage plus ou moins incompréhensif : c'est le *tale told by an idiot* dont les bévues, les interprétations, les corrections successives épaississent le mystère tout en le dévoilant peu à peu. C'est l'admirable technique du *Moulin de Pologne*, des *Ames Fortes* et, déjà, d'*Un Roi sans divertissement* qui, de l'aveu de Giono, marque précisément le début de la nouvelle orientation . « *Il est succulent pour l'écrivain de faire dire le drame par un personnage comique* ». Voilà une récente confidence dont on peut longuement méditer le poids et la richesse, et qu'on ne saurait imaginer dans la bouche du Giono d'il y a trente ans. Grâce à un tel mode d'expression, un auteur évite l'emphase, et aussi les pièges de son cœur.

De plus en plus séparés de l'écrivain (quoique, bien entendu, l'exprimant toujours en quelque sens), de plus en plus foisonnants, les acteurs du drame, créés, incréés, à venir, déjà nés ou refoulés, virtuels, s'avancent en troupe obsédante et presque innombrable, tout au long des pages de *Noé*, ce livre merveilleux et absolument fou. *Noé* répond, vingt-cinq ans après, à *Naissance de l'Odyssée* qui traitait, à la façon spirituelle d'un conte philosophique très souriant, de l'extraordinaire pouvoir des mots, de la prolifération imaginaire des aventures, de la naissance de la fable et des légendes. Il préludait à la période lyrique ; et *Noé*, roman du romancier, clôt magnifiquement la période où le génie verbal s'exprimait sans retenue. C'est une rêverie « *panique* » sur l'univers du romancier, obsédé par les fantômes des héros du dernier livre créé, ici *Un Roi sans divertissement*. « *Ils étaient installés dans la treille de clairettes, sur la terrasse, dans la salle à manger, dans les escaliers, dans les chambres, dans le cabinet de toilette... Pour aller au téléphone il fallait traverser le menuisier, marcher dans un fossé où le cantonnier pelletait le gravier du dernier orage, mettre les deux pieds au milieu d'une ripaille de chiens, prendre le récepteur dans un panier de truites froides...* ».

UN HOMME ENCHANTÉ

Je voulais vous faire comprendre que les hommes ne peuvent pas se passer d'habitations magiques.

Lorsque Giono déclare dans *Le Voyage en Italie* qu'il est rare qu'il ne soit pas enchanté, et par un simple singe qui danse, il faut le comprendre à la lettre : le plus petit détail réel, ou même réaliste, l'objet le plus familier, peuvent l'envoûter, l'emporter loin et profond. Mais il part presque toujours de ce détail familier. Si l'enfant-silence devant le mystère s'est montré plus tard un lyrique parfois trop verbeux, le solide et serein amour du quotidien demeurait sa première loi. Le paysan-poète est aussi apollinien que dionysiaque. Avec l'épopée alternent les souvenirs, les rêveries, les contes de *Jean le Bleu*, *Manosque des Plateaux*, *Le Grand Troupeau*, *Solitude de la Pitié*. A la montagne terrifiante de *Colline* fait contrepoids la douceur humaine de *Regain* et de *Un de Baumugnes*.

Nul écrivain ne sait mieux que Giono observer avec une minutieuse précision. Voici la forge de Gaubert, dans *Regain* : « *La cheminée s'est battue avec le vent, et il y a des débris de plâtre et de briques dans le foyer... Il y a l'enclume, et autour d'elle comme un cal la place nette, tannée par les pieds du forgeron* ». Ou bien voici le portrait physique de Maillefer le pêcheur : « *Il avait de grosses lèvres fiévreuses, rouges et gonflées comme des pommes d'amour et une langue tout en sang qui ne perdait jamais son temps à parler. Il ne l'employait que pour manger, mais alors il la faisait bien travailler, surtout s'il mangeait du poisson, et on la voyait parfois sortir de sa*

77

bouche pour lécher la rosée de sauce sur ses moustaches. Il avait des mains lentes, des pieds lents, un regard gluant qui pouvait rester collé contre les vitres comme une mouche, et une grosse tête dure, poilue... » (Jean le Bleu). Quant à la description du marché de Banon, dans *Regain*, elle fait penser à Flaubert par l'observation rigoureuse et la finesse d'exécution du moindre détail. Qu'on relise encore — entre mille autres exemples — la naissance du printemps dans *Que ma Joie demeure.* Si la joie un peu terrifiante du monde chaud et haletant s'élève jusqu'aux « *chœurs poétiques de l'amour* », jusqu' « *au silence et à la nuit enveloppant la moitié de la terre dans leurs ailes courbes* », ce n'est pas sans être appuyée sur le gonflement précis de la betterave ou la menuiserie des petits animaux : « *Les fourmis cherchaient les fortes tiges brunes de datura ; elles montaient en longues colonnes jusqu'à la fleur flétrie ; elles entraient dans les corolles ; elles allaient tâter avec leurs petites pattes le ventre vert du pistil. Il lui fallait encore quelques jours de chaleur pour qu'il soit mûr à point. Elles redescendaient... Quand les bêtes étaient couchées pour se reposer elles entendaient des grattements au fond de la terre. C'étaient les taupes en train de creuser de petits couloirs en direction de certaines racines à fruits. »*

La métaphore souvent rend plus aiguë encore — pour la joie de Giono et la nôtre — la justesse de la notation : « *Le Panturle est un homme énorme... Il a une grande lèvre épaisse et difforme, comme un* poisson rouge ». Mais là nous touchons à la poésie : au contraire de l'optique naturaliste, aucun paysage pauvre, aucun geste banal ne restent tels s'ils sont vus par Giono. Les tableaux réalistes — une cour d'auberge, un repas sous les arbres, une servante qui mène un enfant par la main — ne le sont pas plus que les clair-obscurs d'un petit maître hollandais où le rayon trace un *signe* sur la géométrie des pavés.

Pourquoi Giono aurait-il jamais désiré le moindre dépaysement, puisque cette cuisine, l'étable voisine, cette fleur, cette main rugueuse d'homme des champs, peuvent porter toute la magie du monde ? On peut tirer des délices de l'objet le plus quotidien, puisque ces délices résident dans son existence même, dans sa masse et dans sa place authentique, en même temps que dans les correspondances que le poète découvre avec les autres objets. N'y a-t-il pas déjà un mystère étrange et tout à fait indéfinissable dans une notation aussi prosaïque que celle-ci : « *Le saladier vide sonnait sous la carapace d'un scarabée de nuit affronté du gros front et des pattes folles contre la glissante courbure de la faïence »* (*Le Serpent d'Étoiles*) ? Une vie nocturne et affolée, la courbe d'une sphère gigantesque ou minuscule (question d'échelle), quelque chose qui sonne comme un obscur avertissement, c'est tout un *monde* qui naît, insolite, inquiétant, de quelques mots extrêmement simples, mais combien choisis ! Que dire encore de tout ce qu'éveille cette notation d'orage. « *L'air sent le soufre, le gravier et la glace. Une lumière d'eau teint la vitre où le lierre désemparé cogne de son lourd bras de feuilles. »* (*Le Serpent d'Étoiles*).

Pour Giono, comme pour tout poète, l'image est l'opération capitale, consistant à *appeler* d'abord chaque objet, puis à le fondre avec un autre, selon la loi d'analogie. Il faut toujours, pour favoriser le hasard des contacts, rendre d'abord au concret toute la richesse dont le prive l'avarice du regard utilitaire. La vraie réalité est touffue à l'infini ; au poète de choisir, tout en suscitant la prolifération, la ramification incessante du réseau tissé autour de nous par le monde sensible. Aussi l'invention peut-elle, doit-elle, s'en donner à cœur joie, s'épanouir en libres combinaisons, faire jubiler le langage. Alors les choses se heurtent avec un éclat métallique ou se pénètrent avec fluidité ; le tumulte et le silence s'exaltent mutuellement. Tout croît, meurt, tue, en étreignant de multiples doubles. Il y a une intime complicité entre l'homme, les êtres et les choses qui sont les instruments de ce qu'il ressent, comme il y a complicité et ressemblance entre le monde de l'âme et celui de la sensation. S'il est dans l'œuvre de Giono un *leitmotiv*, des premières œuvres à celles d'aujourd'hui, une notation privilégiée, c'est bien celle de la terre âpre et nue. Mais alors qu'un Mauriac l'associerait à la dureté de la vie, à la tristesse, à la solitude, Giono y voit le symbole de la lutte féconde, comme de la communion immédiate : l'homme nu contre la terre nue.

Innombrables sont les images faites des notations les plus familières et pourtant chargées de correspondances, c'est-à-dire de révélation poétique :

« *Le soleil crevé se vide comme un œuf dans le dessous de la terre. »* (*L'Eau Vive*).

« *Les étoiles étaient dans le ciel comme l'avoine dans la mesure .»* (*Noé*).

Et voici un bassin « *étendu sous les arbres comme un grand bouclier. Sur son acier bleu sont peints les acacias tremblants, les roseaux aigus et les chevaux blancs des nuages.* » *(L'Eau Vive.)*

Aussi grandioses de vérité supérieure sont les images champêtres d'apparence si simple — ou parfois délicatement précieuses :

« *On s'arrêtait au soir dans les petits villages tout fermés comme des tortues surprises.* » *(Le Serpent d'Étoiles.)*

Sisteron.

« *J'arrachai de l'éphéméride la feuille du 31 mai ; le monde futur était là-dessous, bien caché comme un lézard vert.* » *(Le Serpent d'Étoiles.)*

« *Elle entend le cœur, et le craquement sourd de ce panier de côtes qui porte le cœur comme un beau fruit sous des feuillages.* » *(Regain.)*

Mais plus s'affirme la maîtrise du poète, plus l'image se resserre, prend, par la suppression du « comme », une densité éclatante, explosive, ou évoque un mystère plus profond par l'identification des deux objets :

« *En tête marche la lourde écume des béliers... avec leur len-*
teur, leur toison, leur mâle force, leur œil qui boit... » *(L'Eau*
Vive.)

« *Ce beau visage de porcelaine, à peine ridé, si frais que j'avais*
toujours envie de voir si, en le choquant avec mon doigt, il
n'allait pas chanter. » *(Mort d'un personnage.)*

Ou encore cette notation éblouissante : « *La foudre bleu-*
âtre pleine des paons sauvages de la jouissance... » *(Le Hussard*
sur le Toit.)

Il s'agit donc, pour atteindre la beauté et le mystère, aussi
bien dans le compte rendu quotidien de la déchéance d'un
vieux corps *(Mort d'un personnage)* que dans les grandes
pastorales de bergers, de *charmer l'usuel*, de le charger de
signes et d'une tension anormale. Aussi Giono n'éprouve que
rarement le besoin du pur fantastique. Dans *Naissance de*
l'Odyssée, la féerie païenne a tout naturellement ses droits :
« *Il y a derrière l'air du jour des forces étranges que nous connais-*
sons mal... La laitière a fait un enfant qui a deux petites cornes
d'or... » On peut citer un ou deux récits comme celui de
Prélude de Pan où l'on voit l'inconnu qui protège les oiseaux
et parle leur langage punir les villageois cruels en suscitant
le délire de la danse, le rut entre bêtes et hommes, l'accouche-
ment de monstres. Il y a encore le personnage de Janet, dans
Colline, qui possède lui aussi des secrets merveilleux et terribles ; ou le boucher de *L'Eau Vive* qui connaît la chanson
secrète dont les bêtes sont charmées jusqu'à se laisser tuer
sans résistance. C'est à peu près tout.

Le personnage, si souvent repris, du « guérisseur », du
chef, de l'inconnu à l'autorité insolite, n'a rien de fantastique :
il est seulement celui qui en sait plus long que les autres
sur les lois de la nature et de l'âme. Ainsi en est-il même du
prestigieux héros d'*Un Roi sans divertissement* — roman
qui est pourtant, de tous ceux de Giono, le plus lourd de
secrets, le seul dédié à l'obsession, à l'angoisse envoûtante ;
le seul où règnent, derrière l'apparence, les signes, d'autant
plus troublants qu'imperceptibles, les gestes hallucinés ;
le seul où le mystère et une poésie sourde et glacée prennent,
sans jamais l'expliciter, une portée métaphysique (sur l'absurde du monde) ; car on ne saurait tenir pour métaphysique
l'enivrement lyrico-panthéiste des premiers livres.

Le plus souvent le sens du merveilleux s'éveille dans un
mystère sans angoisse, simplement pour étonner le romancier
devant la richesse des objets, des êtres, de leurs inépuisables

Puis il a appelé ses chênes et il a poussé le petit troupeau devant lui

(Le pauvre Troupeau)

échanges avec lui ou entre eux, ce qui est, pour Giono, le bonheur. Le bonheur authentique et inaliénable, qui n'a pas besoin d'aller *au delà*, puisqu'il *est*.

Il le redit, c'est tout. Il raconte ce qu'il a vu et ce qu'il a deviné. La poésie est vraiment *dans* les objets et dans les actes : il suffit d'avoir les sens et l'intuition assez fins pour l'y dénicher sans effort, voire avec une sorte de nonchalance candide.

C'est pourquoi Giono avait tant de charme comme conteur oral. On serait resté des heures à l'écouter, envoûté, attaché derrière lui au tapis enchanté de l'imagination, comme drogué par la cadence paisible, l'accent chantant du Midi. Du ton le plus placide, il vous racontait des histoires trop belles pour être vraies, encore qu'elles n'aient rien de miraculeux. Inventait-il? Brodait-il? Ou bien tout ce qui est significatif vient-il s'offrir en hommage au poëte, inaperçu des autres hommes? Qu'importe, puisque précisément dans le domaine des signes il n'y a pas de différence entre le réel et l'imaginaire.

Dans son œuvre de maturité le signe est, en général, très discrètement indiqué. Quant à ce qu'il y a derrière, il le laisse dans l'ombre. La *sensation* lui suffit du foisonnement, de la ramification de tout, du merveilleux universel. Déjà lorsque,

Avec ses filles Sylvie et Aline :
31 décembre 1955.

dans l'étonnant tableau intitulé *La Naumachie (L'eau Vive)*, il peignait l'odyssée d'un bout de roseau flottant dans un bassin, avec sa falaise de boue et ses sargasses de feuilles mortes, la scabieuse fleur-sirène enivrante et le minuscule quai de mosaïques, il ne jugeait pas utile de faire allusion à quelque microcosme. La correspondance est encore implicite dans cette vision allègrement insolite de *Manosque des Plateaux* : « *Une fileuse tourne sa roue dans la tache de Vénus, on cuit des viandes dans l'étoile rouge. Des brebis passent sur la lune* ». Ainsi encore lorsque, dans *Le Hussard sur le toit*, le docteur décrit la merveilleuse et horrible extase du cholérique : « *... L'instant où, le jour aboli sous les cendres, les fumées, les vapeurs méphitiques, une nouvelle lumière venue du cratère en feu se levait. Voici les premières lueurs du jour qui va peu à* *peu éclairer l'autre côté des choses.* » La sensation, éblouissante, terrifiante, est en elle-même une révélation ; il n'est pas nécessaire que soit dérangé le mystère de l' « autre côté ».

L'inouï et l'invisible l'intéressent moins — désormais, et peut-être de tout temps — que la merveille de chaque son et de chaque mot, de chaque vision de paysage ou d'homme, avec leurs sources mêlées, leurs écarts, leurs confluents. Sa nasse prospecte volontiers les eaux cachées ; elle en ramène des poissons phosphorescents, aux écailles d'arc-en-ciel, mais bien vifs, odorants, bons à manger.

Un jeu tel que celui qui consiste à bâtir un poème en mettant à la queue-leuleu des titres de livres fait penser au surréalisme :

> *Quand Mezzrow enregistrait*
> *La véritable musique de jazz*
> *Le lieutenant est devenu fou*
> *De terre et de sang.*
>
> *Demain à Jamaïca*
> *Pour consoler la Signora*
> *Pommiers de l'été...*
>
> *(Carnets).*

Mais cela est rare chez lui, et il n'y faut voir qu'une naturelle rencontre, car la poésie est une : Giono déclare n'avoir jamais lu Breton, n'avoir jamais répondu aux appels que lui ont adressés parfois les surréalistes, parce « *qu'il ne se sentait pas attiré vers eux, et que d'ailleurs il a horreur des Écoles* ». Il ignore *L'Amour Fou*, et si son tout dernier roman s'appelle *Le Bonheur Fou*, c'est dans la correspondance de Stendhal qu'il a pris l'expression.

Au contraire de la démarche surréaliste, qui s'enfonce toujours plus et se perd parfois dans l'image trop souterraine, porteuse d'*indicible*, la sienne se revigore au contact permanent et naïf des choses qui sont là et des gestes humains.

Une âme jadis vulnérable a-t-elle là aussi secrété ses antitoxines ? L'insolite, le merveilleux, si l'on force jusqu'à la révélation, ne vont pas sans angoisse : sans cette angoisse personnelle parfois transparente sous le bonheur même des premiers livres, et que Giono semble avoir délibérément supprimée — ou écartée, en la transmettant par exemple, comme avec une aiguille d'envoûteur, aux figures du *Moulin de Pologne*.

Lettre de René Char, mai 1929.

*Répondre que des engagements
précédents m'empêchent de pouvoir
leur être agréable à mon point de vue
et que je penserai à eux*

Monsieur

Je me suis permis de vous faire
envoyer "Méridiens". cahiers littéraires
où je suis le directeur.
Je serais heureux d'avoir votre
collaboration. S'il vous plaît
de m'envoyer une prose de vous
je la publierai dès le second
numéro. Dites le moi..
Ne sommes. nous pas pays..
presque!
Croyez Monsieur à mes sentiments
de sympathie très vive

René char

René char

L'Isle - sur. sorgue. VCse

UNE MORALE DE LA JOIE

« *Et puis la vie, la vie, et la vie.* »

Ce qui domine l'homme autant que l'écrivain, le solitaire vieillissant autant que l'enfant émerveillé, c'est l'amour de la vie (et sa réponse immédiate : le bonheur). Innombrables sont les passages qui le chantent comme le seul désir et le seul achèvement, le vrai but et la vraie récompense, le vrai dieu : « *Pas malheureux, pas heureux : la vie.* » Mais aussi : « *Personne ne peut vivre sans joie. La vie, c'est la joie.* » « *Semer la joie, l'enraciner et faire qu'elle soit comme un pré gras avec des millions de racines...* » Ou : « *Je crois que tout est fait pour que tout le monde soit heureux.* » Toutes ces citations sont tirées de *Que ma Joie demeure*, à la fois hymne à la vie, ascèse du bonheur, longue et lyrique réflexion sur les conditions et les méthodes de la joie, et finalement sur sa fragilité, si on ne s'y accroche avec assez de foi. Mais on retrouverait le même hymne dans tous les premiers livres de Giono. Il s'y est mêlé depuis un germe de doute, comme une réserve, et la célébration s'est faite moins ingénue ; mais toujours elle réapparaît sous quelque forme, elle est une constante chez Giono. Angelo ne quitte-t-il pas le choléra pour trouver en Italie « le bonheur fou » ? Et ne lit-on pas dans le récent *Voyage en Italie* : « *Vous n'imaginez pas comme tout est fait pour le plaisir* » ? (Jadis, il est vrai, il eût préféré parler de la joie).

« *Le bonheur est une recherche... Il faut y employer l'expérience et son imagination* », poursuit-il. « *Rien ne paie de façon plus certaine.* » Car tout de même le bonheur n'est un don de naissance que jusqu'à un certain point. Il demande une culture, et des sacrifices — aisés dès que l'on a compris. Il exige l'affinement des sens, et la curiosité, mais sans aucune réticence : celle qui sait s'adapter à toutes les formes jusqu'à se détacher du Moi exigeant dans une totale liberté d'esprit. « *La mort*, dit Giono, *bénissons-la ! N'est beau que ce qui finira... Bien sûr, je rouspéterai, l'heure venue ! Quant à la vieillesse, c'est un âge admirable : plus de passion aveugle ; moins de hâte à savourer les choses. Je souhaite seulement pas trop d'infirmités* ». Mais je l'ai vu, l'instant d'après, se frotter les mains à l'idée d'être immobilisé par son rhumatisme l'hiver prochain, parce que c'était l'occasion d'affiner ou de découvrir des sensations.

Il faut tout d'abord « *perdre le sens pauvrement humain de l'utile* ». Il n'y a pas de vraie joie dans le calcul, ni dans la servitude vis-à-vis des jouissances matérielles vulgaires ou coûteuses. Mais la plus grande est celle qui répond au maximum de libération, ou même de risque *délibérément* choisi. En sorte que si le héros gionesque peut être parfaitement heureux d'une lampée d'eau de source et de la vue d'un gracieux animal, c'est dans la lutte, le dépouillement, le risque qu'il parvient au sommet de la joie : « *Forcer la main est magnifique* ».

Le héros préféré de Giono adore, comme on dit, jouer avec le feu (ce qui n'est pas en contradiction avec l'amour d'autres personnages pour la paix sans mensonge du foyer, des gosses, de la ferme, de la terre ; question de caractère, ou de période dans la vie). Bobi le sage et l'aventureux se chante à lui-même : « *Prudence ? Jamais prudence... la passion de l'inutile* ». Mais aussi Bobi est « royal », comme le « Roi sans divertissement », comme Monsieur Joseph du *Moulin de Pologne*, ou Monsieur Numance des *Ames Fortes*. Tous échappent souverainement au méprisant jugement de Montherlant, admiré par Giono : « En prison pour médiocrité ».

Si la morale personnelle de Giono s'apparente à un tranquille épicurisme, elle évoque aussi un stoïcisme sans système ni raideur. Car la seule voie vers le bonheur se confond avec l'acceptation fervente de Marc-Aurèle : « O monde, je veux ce que tu veux ». Si l'amour du monde doit pénétrer au tréfonds de l'être et l'emporter, comme une eau qui lave, gonfle et submerge tout sur son passage, rien ne doit lui échapper ; pas même la souffrance et la peur, pas même la cruauté, à condition qu'elle soit *naturelle*, pas même la mort — surtout pas la mort. Giono, qui est l'ami des bêtes, n'en décrit pas moins avec une sorte de volupté la boutique du boucher de *L'Eau Vive*, où « *l'on était dans l'odeur du sang et de la mort comme dans du sucre tiède* ». S'il parle du ventre d'un chamois blessé : « *C'est une odeur monstrueuse comme l'odeur de la montagne. C'est l'odeur d'une matière en transformation. Une odeur que nous ne pouvons pas aimer* parce que nous manquons de sens pour la comprendre ». (C'est moi qui souligne.)

Qu'importe, puisque la mort n'existe pas ? Puisqu'il s'agit toujours de la même « matière en transformation » incessante selon les cycles de la nature, pourquoi ne mangerait-on pas de la viande, ne ferait-on pas cuire au fenouil les poissons frais pêchés ? Pourquoi Panturle aurait-il honte du sang du renard maculant ses mains et ses habits ?

Giono, partant des mêmes prémisses que les Hindous, arrive ainsi à une conclusion bien différente. Le terrible secret de Janet, celui qui déchaîne sur les villageois de *Colline* la vengeance du vent, du feu et de l'eau, c'est, il est vrai : « *Il y a trop de sang autour de nous... Il y a dix trous, il y a cent trous, dans des chairs, dans du bois vivant, par où le sang et la sève coulent sur le monde.* » Mais *Le Chant du Monde* montrera Antonio radieux à côté de Clara sa femme, associant à sa ferveur la joie de bientôt manger « *la truite en train de mourir* » dans la main de l'homme. A chacun de savoir quand le sang est justifié...

Ce qui est accompli sans calcul, sans violence perfide et préméditée, est lavé dans le grand courant de la ferveur de vivre. Car elle est faite « *de ce pouvoir d'avoir peur, du pouvoir de la colère, de la curiosité, du pouvoir de la joie, du pouvoir des larmes, de la possibilité d'être dans le monde, et traversé par le souffle du monde* ». Elle est faite même de l'agonie, qui n'est pas dans les romans de Giono une lente angoisse, mais une « *bagarre d'avidités* » où le corps se défend prodigieusement (ainsi Pauline de *Mort d'un personnage*) ou bien se détruit avec passion. Il y a pourtant des exceptions, comme le Matelot du *Chant du Monde*, assassiné — avec au visage « *les rides effroyables du dernier désespoir* ». Est-ce seulement parce qu'il cherchait lui-même la violence qu'il n'a point eu droit à *sa* mort, belle et acceptée ? (« *Je refuse de faire entrer ma mort dans les sentiers battus* », dit Giono, en écho à Rilke). Mais le porte-parole de Giono, Bobi, lorsqu'il repart loin des personnages de *Que ma Joie demeure* et que l'orage le menace, s'il lutte c'est en acceptant ; aussi sera-t-il frappé, comme dans

Burin de Paul Lemagny
pour Le Chant du monde.

un triomphe : « *La foudre lui planta un arbre d'or dans les épaules* ».

Plus dure a été la lutte morale de Bobi contre le double perfide qui scandait indéfiniment : « *Il-n'y-a-pas-de-joie* ». L'Homme, le volontaire, a triomphé de justesse. Tout de même, après la lecture de *Que ma Joie demeure*, reste en nous comme une blessure le sens de « l'énorme tristesse de la vie ». C'est que le monde de Giono n'est tout de même pas, et cela dès le début, le meilleur des mondes, ni l'âge d'or ou l'idylle à perpétuité. Une vision si lucide de la destruction, de la solitude, de la cruauté, suppose pas mal de courage pour être surmontée — et parfois c'est elle qui domine. Il peut arriver qu'un homme de bonne volonté comme Jaume doute de l'amitié des bêtes et même des grands arbres : « *Il écoute autour de lui la vie lente des arbres mais elle lui paraît plus hostile qu'amie...* » « *Et si tu ne mets pas la bêche, t'es de l'autre côté de la barricade,* dit-il à Janet, *avec la terre, les arbres, les bêtes, contre nous. T'es un salaud.* »

Sur quoi donc s'appuyer ? « *Ai-je trouvé la joie ?* » confesse le Giono des *Vraies Richesses* : « *J'ai trouvé ma joie. Et c'est terriblement autre chose* ». Cette joie toute personnelle paraît presque de contrebande, quand on voit la place laissée à l'horrible, pour peu qu'il soit *naturel*. Dans le délicieux et tendre *Jean le Bleu*, on trouve plus d'une histoire comme celle de l'homme paralysé mangé par les rats, plus d'une description comme celle du rossignol qui pique du bec « *le ventre de la mouche. Il en coulait une goutte de sang blanc et épais comme du pus* » (C'est déjà l'insistance légèrement sadique du *Hussard* sur les humeurs, dégorgements et excréments des cholériques). Il y a un Giono (au début comme recouvert par les ondes de la joie plutôt que vraiment étouffé), un Giono qui se plaît à silhouetter, à côté des personnages principaux, l'innocent ou l'épileptique, à peupler ses romans de pendus et de crânes éclatés. Que de suicides dans son œuvre, d'Aurore et de Silve dans *Que ma Joie demeure*, au fils Costelet dans *Jean le Bleu* et à la jeune femme de *Colline*, de Langlois à Julie qui achèvera l'hécatombe du *Moulin de Pologne* !

Sous la joie dionysiaque, sous la foi en la vie, se discerne une dure lucidité, parfois un « *nescio quid amarum* » qui, sans aller jusqu'au pessimisme (c'est sur un autre plan), ne fera que croître avec l'âge : « *Chacun a besoin de se remettre de temps en temps le cœur en place, et emploie des trucs* ».

Un de Baumugnes : *la ferme de la Douloire
où Angèle est prisonnière.*

Ma joie ne demeurera
que si elle est la joie de tous.

Mais dans les années de *La Trilogie de Pan*, Giono est
merveilleusement soutenu par le désir de communion et
d'amour, identique à celui de la joie. « Tu es un homme,
dit Bobi ; *tu es obligé d'aimer le monde.* » Et le mot « obligé »
a moins le sens de devoir que celui d'instinct irrépressible.
Le monde : tout ce qui existe ; les pierres, les plantes, les
animaux, les hommes ; le tissu sans couture de la nature
vivante.

Il semble que, comme son héros Bobi, Giono, enfant solitaire, timide et trop sensible, ait communié d'abord avec les
choses, qui imposent moins de limites à l'imagination, et qui
ne se refusent pas... « *Je me suis fait doucement compagnie de
tout ce qui accepte amitié. Je n'ai jamais rien demandé à personne parce que j'ai toujours peur qu'on n'accepte pas...* [Mais]
*aux étoiles par exemple, aux arbres, aux petites bêtes... Enfin à
tout, sauf aux autres hommes parce qu'à la longue quand on*

95

Le récitant de Un de Baumugnes.

prend cette habitude de parler au reste du monde, on a une voix un tout petit peu incompréhensible. »

Mais Giono avait, lui, ce don qui permettait de parler aux hommes, cette plume qui correspondait à la main du père guérisseur.

C'est par le beau type humain gravé dans le souvenir depuis l'enfance, c'est par le mythe du guérisseur, que le jeune écrivain est tout d'abord obsédé. Car la bonne volonté, la sympathie ne suffisent pas. Celui qui possède le secret simple et immense de la joie doit sans cesse le transmettre de ceux qui le lui ont enseigné à ceux qui ont encore à l'apprendre. Le Janet de *Colline* est un guide, il serait un guérisseur si les fautes des hommes n'avaient pas fait de lui un vengeur de la nature, et changé sa magie blanche en magie noire. A Bobi l'inconnu, Jourdan, comme poussé par un avertissement secret, pose l'étrange question : n'a-t-il jamais soigné les lépreux ? L'Albin de Baumugnes n'est pas gratuitement joueur de « monica » : « *Ça, c'est pour la guérison de l'homme et de la femme, et des filles de la terre... Compagnon, celui qui a tété le lait de la terre... je te le dis, je viens et je le guéris* ». Il y a encore Toussaint, le bossu du *Chant du Monde* ; et ces chefs à l'autorité purement intérieure que sont aussi le baïle du *Serpent d'Étoiles*, « l'homme noir » de *Jean le Bleu* ; plus récemment, secours des hommes encore, mais en même temps justiciers, Langlois, Monsieur Joseph. Angelo, enfin, n'est-il pas l'héritier des guérisseurs, lui qui soigne les pestiférés moribonds, et de qui la mort s'écarte miraculeusement ?

Le passant, le compagnon, l'ami, sont (du moins dans les livres d'avant-guerre) presque toujours porteurs d'un message à quoi nous devons à la fois des pages hautement inspirées et d'autres un peu agaçantes. Mais il y a aussi la très simple fraternité humaine, l'affection et le dévouement des héros de *Colline* ou de *Jean le Bleu*, l'amitié et l'amour profonds et patients de *Regain*, d'*Un de Baumugnes* ou du *Chant du Monde*. Il s'agit toujours d'une affection d'autant plus pure que le sexe n'y joue qu'un rôle discret. Giono, ce sensuel, n'a jamais été le peintre de la passion physique. Sans doute faut-il invoquer ici son sens du *gratuit*, son horreur de toute possession. (« *Les impuissants seuls sont obsédés* », se contente de dire Giono s'il aborde le sujet. « *Les débuts de l'amour sont captivants à peindre ; mais l'image de l'étreinte cesse de m'intéresser. En tout cas je suis sûr par exemple que, héros moi-même du*

Hussard, *j'aurais agi exactement comme Angelo, sans penser à rien autre qu'à sauver Pauline...* »)

Ce que Giono aime peindre, c'est l'instinctive générosité du cœur : celle de son père, celle d'Angelo, celle de cette Catherine de *Mort d'un personnage,* qui « *fabriquait pour 24 heures énormément plus de tendresse qu'il n'en fallait pour son Pinot et ses deux petits ; et la* nonna *sur laquelle on pouvait déverser le surplus était une magnifique aubaine* ».

La liberté du don va plus loin : Bobi retourne à la solitude, quitte ceux à qui il ne peut plus faire de bien. L'ami d'Albin, dans *Un de Baumugnes,* quitte lui aussi le camarade comblé par la présence d'Angèle et qui n'a plus besoin de lui : « *J'étais au bout de la ficelle d'amitié amarrée dans nos deux cœurs ; encore un pas, elle cassait. Et j'ai fait ce pas en arrière, et je suis parti.* »

Toujours quelque part le sacrifice et la solitude guettent, — prix de la vraie joie, mais parfois trop dure loi de la vie. Alors, comme le narrateur des *Grands Chemins,* on s'invente un copain « *magnifique, affectueux et fidèle* », pas du tout conforme au réel. Ou bien on confesse : « *C'est difficile de trouver l'amour. Je crois que c'est imposssible de trouver l'amour* », dans ces *Vraies Richesses* dont le titre indique pourtant que l'auteur sait creuser, imaginer, pour rendre dignes d'amour les êtres et les objets les plus simples.

Le beau métier de guérisseur ne suffit pas à combler Toussaint : « *Qui marche à côté de moi dans la vie ?... Qui m'aime ?* » N'en fut-il pas ainsi déjà avec le père, le maître de l'enfant ? Vers la fin de sa vie, celui qui répétait : « Il faut éteindre les plaies », trouvait aussi qu'il est « difficile de souffrir seul... Où je me suis trompé, c'est quand j'ai voulu être bon et serviable. » La même déception attendait, nous le verrons, le Giono de la quarante-cinquième année qui, ensuite, se contente de dire : « *Je garde soigneusement mon côté nigaud. J'admire ceux qui sont bien guéris.* »

Ne perd-on pas son temps à vouloir aider l'homme ? murmurait déjà avant-guerre une voix en lui, vite étouffée : « *L'homme est sans remède. Il est bien entendu que, le sachant, je pense à mille remèdes.* » Et l'espoir, la confiance, la joie triomphaient.

POUR LA CIVILISATION DE LA SÈVE

> *Ils auront beau appeler : la tôle emboutie*
> *chez Renault ne leur répondra pas.*

Giono devait assurément se traiter de nigaud quand il songeait à l'espèce d'apostolat où l'entraîna, vers 1935, ce goût de l'amitié intimement mêlé au puissant instinct de bonheur, à une idée très personnelle de sa réalisation.

C'est alors qu'avec une foi enthousiaste il songe à propager ses idées sur les joies de la vie en pleine nature, sur les méfaits de la civilisation des villes ou du système social, opposés à la « *civilisation de la sève et du sang* ».

Celle-ci est basée essentiellement sur la négation des besoins artificiels de l'homme moderne et sur le respect absolu de l'individu. Au machinisme, à l'instinct grégaire, au progrès matériel, au confort lâche des villes, au règne de l'argent, Giono, résolument à contre-courant, oppose la vie simple, les joies pures et personnelles de ses montagnards. « *J'en ai assez*, se dit Jourdan un beau matin, *de faire du travail triste* » — et il se met à cultiver des fleurs pour son plaisir. A quoi s'opposent les idées du fermier communisant de Mme Hélène qui « *voit la chose sur le plan social* » et rêve de « *la grande messe des travailleurs* » sur une terre à tous. A quoi s'oppose plus encore le développement du capitalisme avec ses trusts, ses usines, ses villes tentaculaires, ses plaisirs corrompus, ses guerres... Multiples sont les passages où, sur un ton quasi-apocalyptique, Giono maudit les grandes cités, oppose l'acier, le ciment, la « lente asphyxie », l'absence de contact direct avec les choses, au libre travail champêtre ou artisanal, tout mêlé à la vie de l'homme et à ses plaisirs, constructeur de joie.

En d'autres passages plus mesurés il déclare : « *Je ne suis pas l'ennemi de la technique. Je suis l'ennemi des formes modernes de l'emploi de la technique... Je dis que nous serions peut-être sur la vraie route de la joie si nous nous servions en même temps et également de la technique et de la sagesse* » *(Le Poids du Ciel)*.

Beaucoup plus récemment, lors du *Voyage en Italie*, il salue au passage des silos métalliques qui « chantent » et reconnaît que la forme calculée par un mathématicien pour résister à une pression maxima est aussi pure que toutes celles que nous admirons d'instinct.

Mais l'individualisme absolu, avec ses conséquences économiques, sociales, politiques, demeure la loi pour Giono. L'écrivain, s'il admet par exemple qu'on arrache des arbres avec un *bull-dozer*, préfère sur sa propre ferme pratiquer une économie strictement fermée. Et déclare « *ne pas s'intéresser à la révolte, où il faut être nombreux et marcher en foule* » *(Voyage en Italie)*, comme en écho à *Vivre Libre* où il affirmait que « *les révolutions sont toutes des révolutions individuelles* ». Par quelle erreur pouvait-on au même moment le taxer de communisme ?

Toutefois il n'aurait pas écrit alors, comme il fait dans le *Voyage en Italie* : « *Dites-moi que nous allons être heureux* tous ensemble : *je fuis immédiatement du côté où j'ai des chances de pouvoir m'occuper moi-même de mon bonheur personnel* ». Il voulait, et telle est sans doute la contradiction interne d'où procéda l'échec, faire vivre au sein de groupements l'anarchie aristocratique à laquelle il adhère d'instinct, et prêcher la haine collective de la guerre, en se désolidarisant de tout parti : « *L'état capitaliste considère la vie humaine comme la matière véritable... Pour produire du capital il a, à certains moments, besoin de la guerre* ». *(Refus d'obéissance.)* Mais aussi : « *La libération du prolétariat viendra de l'impossibilité des guerres, et non la fin des guerres de la libération du prolétariat* ». *(Précisions.)*

Si entachée d'utopie qu'ait pu être — on le voit par la phrase précédente — l'action de Giono dans ces années-là, son honneur reste d'avoir dénoncé, méprisé, inconditionnellement, toute guerre et tout système (capitalisme ou nationalisme) qui mène à la guerre. Il dénonce d'abord l'héroïsme guerrier : « *Le héros n'est pas celui qui se précipite dans une belle mort; c'est celui qui se compose une belle vie* » *(Précisions)*.

Il dénonce « *la sainteté des guerres défensives* ». Il dénonce l'épopée de 1914, à laquelle il a participé : « *Les poètes n'allaient plus aux champs : ils bavaient dans des clairons* » *(Jean le Bleu)*. « *Je n'ai pas honte, mais à bien considérer, ce que je faisais c'était une lâcheté... Je n'ai pas eu le courage de déserter. Je n'ai qu'une seule excuse : c'est que j'étais jeune* ». *(Refus d'obéissance)*. Et d'ajouter aussitôt : « *J'ai soigné des maladies contagieuses et mortelles sans jamais ménager mon don total. A la guerre j'ai peur, j'ai toujours peur, je tremble, je fais dans ma culotte. Parce que c'est bête, parce que c'est inutile* ».

A la source il trouve l'idée de patrie, et ne l'épargne pas : « *Moi, quand je vois une rivière, je dis « rivière » ; quand je vois un arbre je dis « arbre » ; je ne dis jamais « France ». Ça n'existe pas... Il n'y a pas de gloire à être Français. Il n'y a qu'une seule gloire : c'est être vivant* ». *(Jean le Bleu)*. Il sape en même temps toute autorité sociale : « *Il n'y a de vérité que la solitude... Il faut détruire les partis et les chefs* ». « *Le chef, le dictateur, l'élu, le guide, l'homme d'acier, le voilà ! doux putride, ô magnifique puant !... Soudain tous ces hommes en conserve crient : Heil ! De l'autre dictature là-bas, il en coule de tout pareils qui crient : « A nous ! » De l'autre dictature il en coule de tout pareils qui crient : « Le Parti ! »* *(Le Poids du Ciel)*.

Au Contadour en 1936.

Entre temps, le 1ᵉʳ septembre 1935, Giono s'installe avec quarante camarades sur le plateau du Contadour, à l'endroit le plus solitaire de la montagne de Lure. Il s'agit de réaliser un « *projet d'établissement de la joie* », un « banc d'essai » pour disciples de l'existence rustique. On fonde les *Cahiers* dirigés par Lucien Jacques et Jean Giono.

Giono n'est pas resté longtemps très fier de cette expérience qui dura six années, et il tend plutôt à la minimiser. « *Le message ancien*, dit-il, (« *notez que je n'aime pas le mot* message ») *était déjà passé. Cette joie, possible dans la vie des paysans pauvres grâce à l'absence totale des « fausses » richesses, je voulais la faire connaître. Il y avait aussi l'influence de la guerre d'Espagne... (Il faut être communisant à vingt ans; sinon c'est qu'on est un crétin ou un cœur sec. Après vient le désenchantement.)*

« *Ce fut une source de malentendus. Mes jeunes gens cherchaient des recettes communes, mais ils les attendaient de moi. Et moi je leur disais : « On fait son bonheur soi-même. La solution est à trouver pour chacun ». Ils se plaçaient tout de suite sur un plan social, et moi sur un plan romantique,* passionnel, *un peu utopique sans doute... On a bien exagéré mon « enseignement ». Ça ne dépassait pas les ballades, le camping et la rondelle de saucisson mangée ensemble. Mais beaucoup se prenaient terriblement au sérieux... Les Cahiers ? C'était plutôt pour leur faire plaisir...* »

Certes, les petites méchancetés qu'on a pu écrire sur « le mage du Contadour » ont exagéré la réalité. Reste qu'à certains moments au moins le poète fraternel s'est pris très au sérieux. Certaines paroles sont malheureuses : « *Je dois vous dire que la réponse c'est moi-même. Vous avez bien compris qu'il suffisait de me connaître pour que pas mal de choses soient expliquées* » *(Les Vraies Richesses)*. Certaines formules sont agaçantes : « *Tu te dis... tu penses... Je te ferai comprendre plus tard... Vous allez dire :* « *qu'est-ce qui lui prend ?* ... » etc.

Mais, plus importantes que ce côté « prêchi-prêcha » pour les enfants, étaient la virulence et la générosité de certaines déclarations. Seulement nous sommes en France, où l'on n'accepte qu'un Victor Hugo, où il faut peu de chose pour susciter la moquerie...

Bientôt la guerre menace. Il n'est plus question de prêcher l'idylle champêtre, mais de multiplier les violentes attaques contre la violence. Aux paysans Giono prêche l'objection de conscience et même la grève : si l'on se bat, ils doivent cesser de produire plus que l'indispensable, « *affamer les Parlements et les États-Majors* ». Sinon ils seront les premières dupes : « *C'est le front et le ventre de la guerre, c'est chez eux que les cervelles éclatent* ». De 37 à 39 les déclarations se succèdent : aux Auberges de la Jeunesse ; aux journaux (qui d'ailleurs ne les publient pas) ; à Daladier après Munich, célébrant « *la peur la plus noble, le refus de mourir... pour vos mots d'ordre d'abattoirs* ». Giono affirme solennellement être « *assuré de ses desseins, prêt dans son courage* », décidé à agir : « *Je suis un cruel défenseur de la paix* ».

Au début de la guerre, Giono lacéra des affiches de mobilisation. On l'incarcéra au fort Saint-Nicolas, à Marseille, d'où il sortit grâce à l'intervention d'André Gide et, dit-on, de la reine-mère de Belgique.

Pièces d'échec taillées par Giono dans de l'écorce de pin, pendant son emprisonnement à Saint-Vincent-les-Forts.

Pointe-sèche de Bernard Buffet pour Recherche de la Pureté.

Giono a affirmé n'avoir jamais publié, pendant l'occupation, le moindre article, la moindre déclaration dans la presse pro-allemande. Pourtant, à la Libération, il était arrêté comme « vichyssois », « *sans — ajoute-t-il — la moindre accusation précise* ». Un non-lieu survenait d'ailleurs assez rapidement.

De cette double expérience : être emprisonné d'abord comme communisant, puis comme fascisant, Giono a gardé un souvenir qu'il veut sans amertume — mais qui n'en a pas moins joué un rôle dans l'évolution morale de son œuvre.

DU LYRIQUE A L'AMATEUR D'AMES

L'époque moderne, je m'en fiche.

« *Je possède*, dit Giono, *une liste de soixante livres à écrire, dressée par moi au moment où paraissait* Colline ; *il y a là tous ceux que j'ai écrits aujourd'hui, tous les titres actuels.* » Dès le début, il songeait à peindre un univers plus vaste que celui des paysans, par quoi il avait tout naturellement commencé. Après la trilogie de *Pan* (où ne manque pas, nous l'avons vu, une certaine dureté) viennent des livres moins denses où Giono voit « *un peu de cellulite* ». *Jean le Bleu* fait alors le point, expliquant l'écrivain par l'enfance et l'adolescence, comme *Noé* l'expliquera dans sa maturité. « *Je ne nie pas*, conclut Giono, *la « seconde manière » qui commence ensuite avec* Un Roi sans divertissement ; *je dis simplement qu'il n'y a pas changement brusque, mais une évolution dont les causes remontent très haut.* » C'est cette continuité que nous avons essayé de montrer en suivant les grands thèmes de l'œuvre, en voyant comment la densité du style, un certain détachement vis-à-vis des personnages, le sens de la solitude, le refus de l'illusion et la dureté, n'étaient pas absents de volumes que certains, même parmi les admirateurs, jugent pêle-mêle quelque peu prolixes, naïfs et optimistes. C'est la loi de la vie que rien ne soit stable et achevé : les premiers livres montraient de préférence des victoires — mais peut-être provisoires. L'eau de *Colline* est apaisée ; mais elle peut revenir un jour inonder le village ; et rien ne prouve qu'Angèle d'*Un de Baumugnes* sera toujours heureuse. A l'inverse, si *Les Ames Fortes* se terminent sur une catastrophe, qui peut dire que Mme Numance n'a pas gagné ? Et qui peut nier que *Le Hussard*, à travers la mort et l'horreur, ne soit une épopée de la jeunesse, de la gaîté ?

Il n'en est pas moins certain (et Giono le reconnaît) que l'évolution d'une certaine dose d'illusions à la lucidité, de la nature à l'étude de l'homme, du lyrisme à la psychologie, a été singulièrement renforcée et précipitée par les événements.

Giono a découvert « *non que les hommes étaient des niais et des jobards, on le savait depuis longtemps — mais qu'ils étaient des salauds* ». Au cours des années de réflexion solitaire sous l'Occupation, il se désolidarise peu à peu, et sans doute très vite... Les événements de 45 sont, pour lui qui en pâtit, comme la preuve ultime qu'il a raison. « *J'ai été un couillon au Contadour* », dit-il aujourd'hui crûment. Il se désengage de plus en plus d'un monde qui d'ailleurs « *se désenchante* », lit tout juste le journal et affirme n'être plus pacifiste que « *par indifférence* » (mais je ne le crois pas). Que dirait aujourd'hui Henry Miller qui, dans *Books of my life*, le loue et le plaint de s'efforcer, comme lui, d'être malgré tout « *good and helpful* » ? Après une déception analogue (celle de la guerre de 14), le père, déjà, n'était-il pas « devenu dur et cruel » ? Et le fils d'avouer en écho : « *Je peux être dur et cruel* ».

Il demeure bien entendu que Giono ne mettrait pas le feu à une ville pour se faire cuire un œuf, et même qu'il ne presserait pas le bouton du mandarin. (Et aussi, à l'en croire, que s'il a cessé d'aimer, c'est sans amertume, sans même qu'il ait souffert. « *Cesser d'aimer n'est pas triste.* » Voire.) De temps en temps une petite note indique, grâce à Dieu, que la source de bonté n'est pas tarie : « *... Je mise sur la tendresse pour la dixième fois où ma gaucherie remportera, alors, la seule victoire qui compte...* » Simplement il n'a plus besoin des autres ; s'il se trouve que son bonheur égoïste consiste à rendre heureux autour de lui, c'est son affaire.

Avec Aline et Sylvie en 1939.

Jadis je me prenais un peu trop au sérieux.

L'œuvre a subi le contre-coup direct du repli. Nous avions un poète épique, un romancier paysan, un lyrique panthéiste, un conteur, un peintre et un symphoniste de la nature, parfois un tragique ou un prophète biblique, un prédicateur pacifiste, un révolutionnaire. Tout cela est balayé. Il en naît l'observateur et l'analyste le plus pénétrant, le magicien le plus subtil de ce monde humain auquel il se figure n'être plus lié que par une intense curiosité — bref, l'auteur des *Chroniques*.

A se retirer de ses personnages, un romancier gagne presque toujours. Sa sensibilité profonde ne varie pas pour autant, mais le recul permet d'élargir les milieux, de varier le ton, de resserrer et d'alléger le style. Au prosélytisme et, si l'on peut dire, à la prophylaxie des maux humains, la description clinique oppose sa liberté, ses points d'ironie s'il lui plaît, sa méfiance du dangereux lyrisme.

Giono a affirmé n'avoir nullement renoncé au lyrisme (« *Pour le moment je fais le tour ; j'y reviendrai par la bande* »), mais s'être contenté d'adapter son expression à l'art de la « chronique ». Il n'empêche qu'avec l'ingénuité s'en est allé l'adjectif (sans parler de certains rythmes trop « ronds ») ; et le goût de l'adjectif ne revient pas.

Plus, ou presque plus de ces épaisseurs presque bibliques correspondant aux lentes cadences de la nature, au poids de ses ciels et de ses dévastations, à l'ivresse, aux fraternités, aux malédictions. Pour peindre les cœurs agités, la Joie devenue bonheur et les rapides ruines humaines, le style s'est fait dense mais léger, intense mais toujours concret, parfaitement savant sous la nonchalance. Giono, nous l'avons dit, se montre de plus en plus héritier direct de Stendhal, et ne lui est pas inférieur pour la vivacité des rythmes non plus que pour celle des notations, pour le *charme* enfin. *Le Moulin de Pologne* et la suite des aventures du Hussard sont comme *Lucien Leuwen* ou *la Chartreuse*, mais avec plus de mystère tragique, pleins de clins d'œil et de conspirations, de coups de pistolet et de coups de théâtres, de risque-tout allant au-devant des hasards du sort. Angelo, on l'a noté maintes fois, est (presque trop...) le double de Fabrice par l'audace et l'allégresse juvénile, l'astuce et la naïveté, le goût de la prestance et la crainte du ridicule *(« Quelle figure ferais-je à la guerre ? »)*, par la façon même d'admirer en une jeune dame « *ses yeux qui donnaient des feux aimables* ».

De Stendhal, le dernier Giono a aussi le goût de l'ironie, voire une sorte d'humour, la faculté de se moquer gentiment même de ce qu'il aime. On n'imagine pas une seconde qu'il soit parlé de Bobi sur un ton détendu, presque léger. Mais c'est celui dont use Giono pour parler d'Angelo, ou même de Langlois et de M. Joseph — sans leur enlever pour autant leur qualité de héros tragiques, bien au contraire. On n'imagine pas non plus tel héros ancien mourant victime de son dévouement, avec « *le regard ironique* », comme le « *pauvre petit Français* » médecin du *Hussard*.

Un grand regret de Giono demeure la méconnaissance de cette légèreté dans son œuvre de jeunesse. Sans doute fallait-il la meurtrissure d'événements absurdes pour que cette source perdue *(Naissance de l'Odyssée* ne manque pas d'humour) jaillisse à nouveau comme une défense et une vengeance : « *L'ironie m'a sauvé de l'amertume* ». Cela va maintenant de plaisantes bribes de dialogues dans *La Femme du Boulanger* aux notations bon enfant du *Voyage en Italie*, du monologue de la « pauv' fille » saoule de *Mort d'un Personnage* à l'humour noir qui triomphe dans *Les Ames Fortes* ou *Le Moulin de Pologne*.

Des vies banales rencontrant d'autres vies banales, pour moi c'est succulent.

Solitude de la Pitié disait : « *Un fleuve est un personnage, avec ses rages et ses amours, sa force, son dieu bavard, ses maladies... Je sais bien qu'on ne peut guère concevoir un roman sans homme, puisqu'il y en a dans le monde. Ce qu'il faudrait, c'est le mettre à sa place, ne pas le faire le centre de tout* ».

Maintenant le fleuve, la montagne, le champ et le contemplatif qui les célébrait, sont passés au second plan (provisoirement peut-être). Les êtres agités qu'il voyait comme « *une petite couche de gelée tremblotante* » sur le globe ont pris toute la place : le poète-conteur est devenu cet observateur, ce psychologue curieux de tous milieux, de tous sentiments, qui a su ne pas perdre les dons du poète et enrichir ceux du conteur.

Très souvent il n'explique pas son personnage à la manière de Paul Bourget ou de François Mauriac ; il laisse au geste toute sa fraîcheur mystérieuse. Mais quel observateur et quel analyste aigu, lorsqu'il lui plaît de l'être ! Cela va des scènes villageoises des *Ames Fortes* aux plus délicates réactions de Pauline ou de Langlois. Il y avait déjà dans les nouvelles de *L'eau Vive* des portraits de vieilles femmes, notamment, d'une vivacité extraordinaire (le Poète de la Famille, la grand-mère de Mademoiselle Armandine). Mais une formule aussi bien frappée que « *Elle avait envers ma*

III

mère la politesse de l'incompréhension » est alors relativement rare, tandis qu'abondent dans ses derniers livres des notations profondes comme celle où se peint d'un mot l'avare jalousie dont crève une vieille fille : « *L'égoïsme dans son extrême pureté a le visage même de l'amour* » *(Le Moulin de Pologne)*.

Giono ne choisit plus ses héros comme naguère. En ces temps-là il n'aimait pas peindre ce qu'il n'aimait pas dans la vie, les médiocres. Désormais le goût d'observer et de raconter est le plus fort ; il décrit volontiers des mesquins, des lâches, des méchants. Pourtant de son propre aveu, il a beaucoup de mal à peindre une *vraie* canaille. Firmin lui-même le mari de Thérèse, n'en est pas une ; il est peut-être la victime de sa femme. Il n'y a dans toutes les *Chroniques* qu'un seul coquin authentique : le narrateur du *Moulin de Pologne* qui ne comprend rien, envie chacun et rabaisse tout.

L'ancienne « cruauté » s'est affermie. Non seulement *Le Hussard* se plaît aux *grotesques* tableaux de la peste « [Un enfant écrasé] *sur la table comme un gros fromage blanc... [les deux autres] étaient ridicules avec leurs têtes de pitres fardés de bleu, leurs membres désarticulés, leurs ventres bouillonnants de boyaux...* »; mais cette cruauté a gagné le royaume du cœur. Et la satire qui ne s'exerçait jadis que contre les villes s'attaque maintenant aux gens de Manosque ou des campagnes : « *la méchanceté qui nous est naturelle ici, à nous qui vivons dans un pays ennuyeux...* » dit le narrateur du *Moulin de Pologne*. Et Thérèse : « *C'est malheureux à dire mais c'est comme ça : si on est trop bon on est volé... Je ne mettais jamais les gens en colère : tu te fais haïr pour rien. Faites-vous haïr pour quelque chose* ».

Giono, heureusement, confie à ses *Carnets* qu'il est « *resté amateur d'idéal et d'utopie* ». En effet, le goût de la grandeur, de l'individu exceptionnel, continue de dominer, presque toujours chez le personnage central. Grandeur plus solitaire que jadis, plus sûrement vouée à l'échec, teintée parfois de cette méchanceté et de cette ruse que l'on ne bat que par leurs propres armes. Le héros rayonnant est maintenant souvent assombri, durci par un secret poison...

Aux comparses avides et mesquins s'oppose, dans un éclairage d'autant plus violent, une fière figure ambitieuse, folle de passion, désespérée ou sainte. Le jeune Angelo, avec toute la légèreté de son âge, ne faillit pas à cette noblesse. Et si, comme les enfants, il ne s'étonne guère de la condition humaine — ou comme Giono lui-même, qui ne veut plus philosopher là-dessus, — il lui arrivera pourtant dans *Le Bonheur Fou* de méditer sur la question cruciale de la torture et de l'humiliation. *(« Comment l'ignoble peut-il obliger le noble à devenir ignoble ? »)*

Et l'amour ? Il n'est plus la pure fraternité, l'amitié des hommes de la terre, mais une passion violente et complexe. Dans *Les Grands Chemins* jouent des sentiments contradictoires : « l'artiste », qui triche toujours, ne triche-t-il pas aussi quand il affecte de mépriser le camarade auquel il répond sans doute en secret ? Le châtelain trompé par sa femme mêle et démêle douloureusement les fils : « *Vous me haïssez ; vous allez enfin m'être fidèle. On ne peut pas tromper celui qu'on hait parce qu'on ne veut pas, que ce n'est pas agréable.* » Enfin *Le Hussard sur le Toit* reconnaît l'amère vérité qu'il faut payer pour ceux qu'on aime, et d'autant plus cher qu'on aime davantage.

L'amour naturel, sain, équilibré, que les premiers livres consacraient surtout aux étoiles, aux arbres, à la terre, va maintenant, avec une force combien plus douloureuse, à un être périssable. Plus libre, plus gratuit que jamais, il est le plus souvent inexplicable : Mme Numance s'attache plus qu'à une fille à Thérèse avide et renfermée, le chemineau se dévoue au brutal « artiste », et le petit-fils à la vieille femme exigeante et aride.

Il est démesuré : Pauline, l'ayant perdu, est une morte vivante ; Mme Numance éprouve, comme s'il s'agissait du désir, *« une confusion délicieuse et des frissons convulsifs »* ; à l'impassible Thérèse il est enfin révélé, avec la ruine et le drame, en une terrible crise de nerfs : « *elle hennissait comme un cheval* ».

Paradoxalement, c'est depuis son repli personnel hors de l'amour que Giono nous en a livré deux peintures qui sont deux sommets de son œuvre : celui de Mme Numance, pour Thérèse ; et, surtout, celui du petit-fils pour la grand-mère de *Mort d'un Personnage* (qui est en réalité celui de l'auteur lui-même pour sa mère mourante). On y voit le plus libre don s'épurer jusqu'à une sorte d'absolu serein où le moi ne compte plus. Il y a quelque chose de miraculeux dans le son de cristal que rendent ces pages, lorsqu'on songe que Giono ne nous épargne aucune description sordide — et qu'il s'agit tout au long de laver un vieux corps souillé, de porter les aliments à une bouche édentée, tordue d'avidité... Tout cela — magnifié par l'amour qui sait y voir la trace de l'ancienne splendeur — subit une transfiguration sans analogue, je crois, dans tout le roman français. Ces histoires d'excréments et de squelette se ruant vers la nourriture deviennent, par la grâce de ce don du cœur « *qui pouvait vivre éternellement de la simple joie de nettoyer ses os* », un poème éblouissant : « *Quand mon nouvel amour fut devenu radieux, glacial et plus étincelant que le givre...* » Ainsi l'esprit, la joie intérieure triomphent-ils encore du pourrissement inexorable de toute chair.

Le goût de l'aventure n'a pu que s'enrichir avec ces nouvelles créatures. Plus encore que du temps de Bobi ou de Panturle sans feu ni lieu, Giono l'immobile rêve avec délectation au vagabondage, à tous les « *grands chemins* », aux auberges où se donnent rendez-vous les étonnants secrets des existences. La nouvelle liberté de la morale, du style, du rythme varié, volontairement « décousu » comme les hasards de la vie, donne à ces rencontres du romancier et de ses personnages un accent picaresque, allègre et chargé d'action dramatique, qui fait le charme des *Grands Chemins* comme du *Hussard* et de nombreuses pages des *Ames Fortes* ou d'*Un Roi sans Divertissement*.

Tout naturellement l'éveil du sens dramatique a poussé Giono vers le théâtre ; ses quatre pièces principales datent toutes de la période où s'affirme sa nouvelle voie. *Le Voyage en Calèche*, « divertissement romantique », joué à plusieurs reprises, est sans doute la plus réussie, avec *la Femme du Boulanger*. Mais ni l'une ni l'autre, ni *Le bout de la route* (qui fut pourtant joué 500 fois sous l'Occupation), ni *Les lanceurs de graine*, n'ajoutent beaucoup d'éclat au talent de Giono. Dans la dernière pièce, comme dans l'*Esquisse d'une mort d'Hélène*, l'idée, presque la thèse, est encore trop pesante. *Le bout de la route* manque d'action. Dans l'ensemble du théâtre, il manque à Giono cet espace dont il a besoin, la nonchalance du conteur qui dispose d'autant de temps et d'autant de pages qu'il lui plaît. L'heureuse concision des dialogues de roman, soutenue, éclairée par les réflexions et les commentaires, devient ici fréquemment trop tendue, obscure. Et la sécheresse du décor fait regretter le charme, puissant et vif, des descriptions.

Giono sent lui-même que la rigueur du genre lui convient moins bien que la liberté du chroniqueur, puisqu'il a déclaré, il y a plusieurs années, qu'il n'écrirait plus jamais de pièces de théâtre.

*J'étais persuadé d'avoir sous les yeux
le destin en action.*

Peindre la passion est encore une façon, pour Giono, d'exalter l'activité créatrice — la plus haute exigence du bonheur. Jadis ses héros guérissaient des malades, soignaient des troupeaux, bâtissaient des maisons, fécondaient la terre. Si ensuite c'est un rêve qu'ils essaient de bâtir, qu'importe ? Ils savent vivre à plein, exploser dans la catastrophe comme dans une apothéose et, plus forts ou plus faibles que l'obstacle, accepter le donné sans perdre du temps à se lamenter ou à moraliser, sans même se montrer amers.

Entraînés par leur propre démon, ils n'ont plus de temps à perdre en considérations métaphysiques. Tout au plus Angélo, voyant brûler des monceaux de cadavres, se demande-t-il sans insister « *s'il n'y a pas quelque part, mêlée à l'univers, une énorme plaisanterie* ». L'ami des *Grands Chemins*, devant son ami mort, constate brièvement : « *Il a eu un bon moment de trente secondes. Qui peut se flatter d'en avoir eu plus, ou même autant ?* »

Ces cœurs fous, ces êtres robustes, jouent le jeu de la vie avec un plaisir sombre ou juvénile, sans discuter. Il leur plaît de se mesurer avec un destin qu'ils savent avoir cherché, un destin défini comme « *l'intelligence des choses qui se courbent devant les désirs secrets de celui qui semble subir, mais en réalité provoque, appelle et séduit* » (*Le Moulin de Pologne*). Il s'agit toujours de marcher, d'aller de l'avant sans faiblir vers une lumière personnelle, mais dans une voie obscure, pleine de pièges et d'écrans qui se déchirent pour livrer pêle-mêle rires, cris, sanglots, blessures, plaisirs, dérision.

C'est le destin d'Euripide, et non plus la fatalité d'Eschyle — qui correspondait aux débuts épiques. Mais ce qui est déchéance chez un Tragique est enrichissement chez un romancier qui sait rester poète. Le « théâtre de la cruauté », au sens où l'entendait Antonin Artaud, était jadis vu par Giono au sein de la nature, mère admirable mais terrible, vivante, donc capricieuse. En face d'elle, la simplicité du groupe humain. Maintenant les individus se jouent à eux-mêmes ce théâtre, devant la nature qui reste impassible à l'arrière-plan, même quand elle offre joies ou maux. Ils sont bien plus forcenés qu'elle, bien plus obstinés. Et si le romancier invente beaucoup, nous le croyons volontiers quand il dit trouver dans les faits plus étonnant que dans l'imagination. Le drame est nourri, plus aisément encore que l'idylle, par ce pays de Haute Provence tout pénétré de sens tragique ; où les crises passionnelles, coups de folie, épidémies de suicide, ne sont pas rares, — au point que les curés, dit Giono, doivent périodiquement exorciser certains gouffres ou puits.

Derrière ces protagonistes, ces âmes fortes qui « citent » l'adversaire, ou eux-mêmes s'ils sont trop solitaires, pour la destruction ou l'amour, — parfois pour les deux, comme Langlois, comme Thérèse, — le chœur pousse à l'action, commente en aveugle, prépare plus ou moins inconsciemment les pièges. Pour une libre intelligence comme Angelo, que de héros pleins d'ambiguïté, entourés de comparses obtus ! L'enchaînement des faits, inexpliqué, énigmatique, accentue le trouble et la menace, comme la qualité d'un instant de bonheur. Qui tient les fils dans *Le Moulin de Pologne*, où la fatalité ne fait trêve que pour mieux éclater, où la marche à l'abîme est méthodique, inéluctable ? Le merveilleux et l'horrible est que ce soit en partie l'homme, qui, croyant fuir, ne s'expose que davantage...

L'extraordinaire est que les dernières œuvres de Giono, chargées de la méchanceté humaine ou des miasmes du choléra, de suicides, de deuils et de délires, ne soient nullement pessimistes, encore moins déprimantes. Le ton est trop juste, l'accent trop savoureux, l'humour trop vif dans sa subtilité, les passionnés trop d'accord avec la terrible note à régler. On crie, on s'exalte, on se venge, on meurt — on ne geint pas. On dirait que chaque personnage répète derrière l'auteur : « C'est ainsi, c'est normal, c'est la loi de la vie. Et d'ailleurs, que j'en ai bien joui avant de payer ! »

Après avoir goûté éperdument la « caresse » de la nature et de l'affection humaine, Giono semble conclure par une sorte d'équilibre fait du perpétuel entrechoc des forces de vie et de mort, d'amour et de dureté, d'avidité et de détachement. La part plus large faite à l'égoïsme vital, aux passions humaines, trop humaines — c'est encore un geste de désir, d'effort vers le bonheur : plus d'effusions ni de sermons, mais la présentation directe de la foi universelle en notre seule vraie divinité.

Foi nullement absurde — si elle est le plus souvent mal dirigée —, puisque l'écrivain demeure un vivant exemple du bonheur atteint. Mais : « *La vie c'est de l'eau. Si vous mollissez le creux de la main vous la gardez. Si vous serrez le poing, vous la perdez.* » Les personnages serrent trop le poing, c'est tout ; sauf Angelo, plein de grâce et de liberté, qui justement est à peu près le seul heureux.

L'inconscient de Giono le sage, le serein, lui dit-il parfois — qui sait... — qu'il mollit trop la main ? Si Nietzsche a raison (sans doute en partie seulement) lorsqu'il affirme qu'un écrivain exprime dans son œuvre ce qui lui manque et non ce qu'il a, les passionnés de Giono seraient d'invisibles doubles inaccomplis en lui, peut-être les fantômes du grand-père *carbonaro*, violent et quelque peu bandit ?

On dirait qu'après avoir longtemps balancé, il a choisi pour lui le bonheur ; et pour ses créatures les joies, éphémères et bouleversantes, avec tout leur prix de douleur. L'homme de la sérénité décrit le monde des exaltations et des peines avec l'impartialité d'un arbitre qui compte les coups.

Le danger de ce détachement personnel, qu'accompagnent naturellement la retenue devant l'émotion, le souci de purisme, de classicisme, pourrait être le dessèchement. Giono est arrivé à un point de perfection formelle qui ravit, et fait craindre le plus léger bascul vers la sécheresse... Mais non ; s'il a appris la leçon du grand classicisme : la hauteur du goût et la mesure dans le débordement des passions humaines, il demeure toujours dans sa moelle le chantre du *Serpent d'Étoiles*, et plus sûrement encore *Jean le Bleu*, l'ex-petit garçon hypersensible. Lui-même nous rassure en riant : « *Vous ne me verrez plus comme un ténor pousser mon petit air. Mais plus tard j'écrirai un nouveau livre de nature — vous verrez — comme un concerto de violon de Bach ! Avec du pathétique... mais pas du pathétique* personnel, bien sûr. »

Quoi qu'il en soit, la seule passion de Giono vieillissant c'est de contempler du grenier de Manosque (*Suave mari ?...*) les passionnés pris dans une tempête de désirs, d'actions, de joies, de souffrances, qui sont autant de clins d'œil au destin. Car il ne faut pas oublier qu'ils sont complices de leurs tortures, que dans la mort même ils ne voient pas une cruelle sanction mais l'achèvement de la courbe des désirs, voire l'ultime sensation qui justifie d'avoir voulu éprouver les autres à satiété. Et ici leur tourment rejoint ce qui fait la paix de Giono : « *Les jours sont des fruits et notre rôle est de les manger... Vivre n'a pas d'autre sens que cela.* » C'est dans ce sens aussi que Gide disait : « J'espère bien mourir complètement *désespéré*. »

LA RÉALITÉ MAGIQUE

Giono élargit d'œuvre en œuvre ce monde créé par lui et que lui seul pouvait créer, ce monde fourmillant qui, faisant éclater le décor unique, le milieu favori, l'obsession propre au poète, s'égale peu à peu à la Comédie Humaine — sans cesser d'être essentiellement poétique.

Au septième volume des *Chroniques*, on commence à se rendre compte des rapports, des correspondances, des recoupements entre personnages et événements — qu'il s'agisse de la série « ancienne » ou de la série « moderne ». On verra plus tard mieux encore comment les sentiments s'expliquent les uns par les autres, comment les situations dramatiques se répètent, avec des variantes selon les milieux ou les époques.

La grand-mère du jeune Angelo de *Mort d'un Personnage* est la belle Pauline de Théus qui rencontra dans *Le Hussard* un premier Angelo, l'aima dans *Le Bonheur Fou*, le perdit dans *Le Cavalier Seul*. Dans les *Noces*, une vingtaine de personnages rééditeront, à l'inverse, la veillée funèbre des *Ames fortes; Les Grands Chemins* auront une suite, avec le même récitant...

Il remonte le temps, l'accélère ou le ralentit, enchevêtre les liens, éclaire les personnages ici avec la violence de l'amour, là avec les reflets épais de témoignages primitifs, là encore avec la flamme subtile de la haine, parfois avec tout cela comme dans le roman *Deux cavaliers de l'orage*. La technique, éblouissante, est pourtant fondue dans la brûlure et la course de la création.

Dans la bibliothèque : figure de proue de Puget.

Les gens et les choses, de plus en plus strictement observés, appuyés sur le « réel » le plus terre à terre, sont en même temps réfractés selon la sensibilité si originale de l'écrivain : l'unité de l'œuvre nouvelle est assurée par l'inimitable « atmosphère Giono », où le mystère des êtres qui agissent selon l'instinct, le goût du risque, une vive impulsion, mais qui toujours prennent de la hauteur pour agir, s'oppose aux calculs, aux avarices, à l'enlisement des autres ; où ce mystère affronte l'inconnu des grandes forces naturelles, le séduit et se perd ou triomphe avec lui. Personnages étranges en apparence, choisis pour leur bizarrerie et pourtant inoubliables, plus vrais que l'humanité « normale » vue par nos yeux (où ils demeurent, où nous ne savons pas les susciter), plus vrais aussi dans leur brutalité que les héros pacifiques de jadis.

De ses créatures, Giono mêle les humeurs et ordonne la superbe démesure avec l'autorité d'un alchimiste, la souveraineté d'un démiurge. Il surmonte avec aisance la contradiction qui est celle de tout romancier — entre le choix de tel individu ou de telle passion qui assure l'unité, le style, et le fourmillement, la diversité, le mouvement de la vie. C'est pour lui une naturelle synthèse, c'est tout un. L'horreur et le merveilleux, la tendresse et les gestes forcenés, le bonheur des jours et son prix, la naissance et la mort, sont soudés dans l'homme comme dans la nature dont il n'est qu'une part. *(« Cette odeur d'agneaux naissants roulés dans leur glaire, cette odeur de bêtes mortes »*, chantait déjà, sans transition, *Le Serpent d'Étoiles.)*

« *Le désordre du monde, si on le considère dans une période assez brève, peut paraître une harmonie.* » A l'image de ce grandiose chaos et de la cohérence qu'y introduit l'esprit, est construit l'univers du romancier. Tout en « tournant le dos à l'époque moderne » il l'exprime ainsi puissamment, s'il est vrai qu'elle se distingue par un *saisissement* plus vif devant le désordre originel par un effort prométhéen pour le vaincre, par la foi en un bonheur possible, en un âge d'or peut-être. Cette grandeur-là est toujours donnée par surcroît au créateur assez puissant et assez libre pour n'écouter ni les modes ni les tentations de la gloire.

Dans les passions et dans les paysages, Giono décèle et savoure le grand rythme balancé d'épanouissement et de pourriture, de mort et de résurrection, de contradictions résolues. Rythme cruel parfois, à nos yeux trop faibles

Manosque : pointe-sèche de Bernard Buffet pour Recherche de la Pureté.

seulement ; en vérité, « *il n'y a pas un millimètre du monde qui ne soit savoureux* ». Ainsi la réalité de chaque jour remodelée par le voyant apparaît ruisselante de forces inconnues, brillante de richesses infinies, essentiellement *poétique, magique*.

Les grands écrivains sont ceux qui savent, comme Giono, incarner un aspect de cette surréalité, enchanter le quotidien, envoûter sous le conte (et non sous le message) l'assemblée des hommes. En notre siècle épris naguère de la métaphysique, aujourd'hui des objets, je ne vois aucun *créateur* à lui comparer. Et si l'on demande : Giono est-il le plus grand romancier ? Je crois qu'il faut répondre : peut-être ; à coup sûr, c'est le seul romancier *pur*.

Claudine Chonez.

Le « guérisseur » ou l' « idéaliste », et l' « aventurier », — deux types d'homme fréquents dans les romans de Giono, parfois unis dans le même individu, comme chez les carbonari *et les* anarchistes *que recevait le cordonnier de Manosque. L'enfant entendait, émerveillé, passer la révolte et la vision de l'avenir.*

La ville dormait derrière nous comme une ruche morte. Il y avait dans elle, de temps en temps, un grondement comme si ses richesses de sucre amassées s'éboulaient au fond de ses cellules. Tout dormait. La ville ne respirait plus que par ses fontaines. L'horloge sonna minuit.

Le monde, maintenant, parlait au-dessus des hommes avec sa voix de vent et d'étoiles.

— Camarade, dit l'homme, ça sera comme le jour du jugement dernier, tu m'entends ?

Nous étions arrêtés sous un orme. On entendait voler dans le feuillage les chouettes silencieuses.

« ... C'est nous qui jugerons en dernier les iniquités et les injustices. Les malheureux sortiront de terre et toute la terre sera crevassée. Dans les champs, dans les prés, dans les collines et les montagnes, au milieu des chemins les plus durs, on entendra craquer la terre, on la verra se fendre en étoile, se soulever comme quand une taupe veut sortir et les malheureux pousseront autour de nous comme des plantes. Toi, camarade ; moi, camarade ; ce petit-là. (Sa main dure se posa sur ma tête comme pour y maçonner des rêves).

« ... Les ouvriers et les paysans, nous sommes maintenant tout pliés dans notre drap de mort et on a bien attaché les bandes ; et on nous a mis la mentonnière comme aux morts pour nous empêcher de parler. Ça sera comme un jugement dernier : quand la trompette aura sonné, les draps tomberont

123

de nos épaules, notre bouche sera descellée. Je ne sais pas te dire, je vois.

— Je vois, dit mon père.

— La première fois que j'ai vu, dit l'homme, je bâtissais dans un bois d'oliviers. J'avais fait les quatre murs et le plafond. J'étais à genoux dans un angle, une truelle à la main, j'étendais le plâtre sur les murs blancs. Autour de moi, rien que l'odeur du mortier. Depuis quelque temps, je sentais dans ma tête comme l'éveil d'un oiseau. D'un coup, j'en ai été ivre. Il m'a semblé qu'une grande chose avec des ailes de couleur s'embronchait dans la porte pour entrer vers moi et m'annoncer. A partir de ce moment-là, j'ai vu, on peut me mettre en prison, on peut me mettre où on veut. Je porte la révolution.

(Jean le Bleu.)

*Le père de
Jean Giono.*

L'autre aspect du merveilleux, c'est celui qu'un enfant plein de sensibilité et d'imagination tire tout simplement, à larges brassées, de la vie de chaque jour. Le petit Jean découvre ainsi l'univers au fond de l'épicerie voisine.

Il n'y avait qu'une lampe à pétrole pendue dans un cadran de cuivre. On semblait être dans la poitrine d'un oiseau : le plafond montait en voûte aiguë dans l'ombre. La poitrine d'un oiseau ? Non, la cale d'un navire. Des sacs de riz, des paquets de sucre, le pot de la moutarde, des marmites à trois pieds, la jarre aux olives, les fromages blancs sur des éclisses, le tonneau aux harengs. Des morues sèches pendues à une solive jetaient de grandes ombres sur les vitrines à cartonnages où dormait la paisible mercerie, et, en me haussant sur la pointe des pieds, je regardais la belle étiquette du « fil au Chinois ». Alors, je m'avançais doucement, doucement ; le plancher en latte souple ondulait sous mon pied. La mer, déjà, portait le navire. Je relevais le couvercle de la boîte au poivre. L'odeur. Ah, cette plage aux palmiers avec le Chinois et ses moustaches. J'éternuais. « Ne t'enrhume pas, Janot » — « Non, Mademoiselle ». Je tirais le tiroir au café. L'odeur. Sous le plancher l'eau molle ondulait : on la sentait profonde, émue de vents magnifiques. On n'entend plus les cris du port.

Dehors le vent tirait sur les pavés un long câble de feuilles sèches. J'allais à la cachette de la cassonnade. Je choisissais une petite bille de sucre roux. Pendant que ça fondait sur ma langue, je m'accroupissais dans la logette entre le sac des pois chiches et la corbeille des oignons ; l'ombre m'engloutissait : j'étais parti.

(L'Eau vive — Le Voyageur immobile.)

Et voici maintenant l'ardente défense de cette universelle et pure sensualité, comme sanctifiée par le témoignage du père.

Je sais que je suis un sensuel.

Si j'ai tant d'amour pour la mémoire de mon père, si je ne peux me séparer de son image, si le temps ne peut pas trancher, c'est qu'aux expériences de chaque jour je comprends tout ce qu'il a fait pour moi. Il a connu le premier ma sensualité. Il a vu, lui, le premier, avec ses yeux gris, cette sensualité qui me faisait toucher un mur et imaginer le grain de pore d'une peau. Cette sensualité qui m'empêchait d'apprendre la musique, donnant un plus haut prix à l'ivresse d'entendre qu'à la joie de se sentir habile, cette sensualité qui faisait de moi une goutte d'eau traversée de soleil, traversée des formes et des couleurs du monde, portant, en vérité, comme la goutte d'eau, la forme, la couleur, le son, le sens marqué dans ma chair.

Lui, il s'était appris à lire et à écrire tout seul. Il n'était pas obligé de savoir tout ce que la sensualité a de pur. Il avait autour de lui, il voyait autour de moi cette boue de crachats, de pus et de glaires sanglantes qu'on a l'habitude d'appeler sensualité. Il n'était pas obligé de faire le juste départ. Et, s'il ne l'avait pas fait, il ne faudrait pas lui en donner reproche. Ç'aurait été naturel.

Il n'a rien cassé, rien déchiré en moi, rien étouffé, rien effacé de son doigt mouillé de salive. Avec une prescience d'insecte il a donné à la petite larve que j'étais les remèdes : un jour ça, un autre jour ça ; il m'a chargé de plantes, d'arbres, de terre, d'hommes, de collines, de femmes, de douleur, de bonté, d'orgueil, tout ça en remèdes, tout ça en provisions, tout ça en prévision de ce qui aurait pu être une plaie. Il a donné le bon pansement à l'avance pour ce qui aurait pu être une plaie, pour ce qui, grâce à lui, est devenu dans moi un immense soleil.

(Jean le Bleu.)

Dieu, selon Janet, le paysan et le sage de Colline — *qui l'appelle plus volontiers « le patron ». Malheur à l'homme si le patron est obligé de consoler ses créatures...*

T'as jamais entendu chuinter comme un vent sur la feuille, la feuillette, la petite feuille et le pommier tout pommelé ; c'est sa voix douce ; il parle comme ça aux arbres et aux bêtes. Il est le père de tout ; il a du sang de tout dans les veines. Il prend dans ses mains les lapins essoufflés :

« Ah, mon beau lapin, qu'il dit, t'es tout trempé, t'as l'œil qui tourne, l'oreille qui saigne, t'as donc couru pour ta peau ? Pose-toi entre mes jambes ; n'as pas peur, t'es à la douce ».

La douce amère et le ruisseau...

Puis ce sont les chiens qui arrivent.

Quand tu te dis : il chasse seul, c'est qu'il t'a semé pour aller au patron.

La belle veste à six boutons et le ballon de la clochette au cou du mouton.

Et, sous la cabane de ses jambes le chien et le lapin font ami, museau contre museau, poil contre poil. Le lapinot sent ton chien dans l'oreille, ton chien secoue l'oreille parce que le lapin a soufflé dedans. Il regarde autour de lui et il a l'air de dire : « C'est pas ma faute si j'ai coursé tout le jour, dans la gineste et le labour, et les trous du ruisseau où il y a dans le profond des herbes de ficelle qui attachent les mains et les pieds ».

Puis, c'est tout qui vient : la tourterelle, le renard, la ser, le lézard, le mulot, la sauterelle, le rat, la fouine et l'araignée, la poule d'eau, la pie, tout ce qui marche, tout ce qui court ; les chemins, on dirait des ruisseaux de bêtes : ça chante et ça saute comme un ruisseau, et ça coule et ça frotte contre les bords du chemin, et ça emporte des bouts de terre, et ça porte des branches entières d'aubépines arrachées.

Et tout ça vient parce qu'il est le père des caresses. Il a un mot pour chacun :

« Tourtoure, route route, renar, nare »,

il lui tire des boufettes de poils.

« Lagremuse, muse musette, museau du veau dans le seau ».

Après il va faire un tour dans les arbres.

Et pour les arbres, c'est pareil : ils le connaissent, ils n'ont pas peur.

Toi, tu n'as jamais vu que des arbres qui se méfient, tu ne sais pas ce que c'est qu'un arbre, au vrai. Et ils sont avec lui comme dans les premiers jours du monde ; quand on n'avait pas encore coupé la première branche.

... Y avait un bois, et pas encore le bruit de la hache, pas encore la serpe, pas le couteau ; sur le coteau, le bois sur le coteau et pas la hache.

Il passe à côté, la veste en peau de mouton, et le tilleul fait le chaton qui pleure, le châtaignier fait la femme qui geint, et le platane craque en dedans comme un homme qui demande la charité.

Il voit les blessures, les coups de couteau et les crevures des haches et il les console.

Il parle au tilleul, au platane, au laurier, à l'olivier, à l'olivette, la sariette et le plantier, et c'est pour ça, à la miougrane, pour sa pitié qu'il est le maître et qu'ils l'aiment et lui obéissent.

Et s'il veut effacer les Bastides de dessus la bosse de la colline, quand les hommes ont trop fait de mal, il n'a pas besoin de grand-chose, même pas de se faire voir aux couillons ; il souffle un peu dans l'air du jour, et c'est fait.

Il tient dans sa main la grande force.

(Colline.)

Entre eux, bêtes, hommes et plantes communient par « les sangs et les sucs ».

Les premières fumées montaient du village. La nuit frappait doucement dans les feuilles et faisait lever les chouettes.

Tout avait son poids de sang, de sucs, de goût, d'odeur, de son.

Les âtres brûlaient des bruyères sèches, parce que ça s'enflamme avec plus de colère que le bois lent. L'odeur qui venait jusqu'à notre colline était pleine des gestes des femmes près de la marmite, du bruit que fait la soupe quand elle hésite à bouillir et qu'elle tremble dans les coups d'une grande flamme toute jeune. Les volets battaient contre les murs. On donnait du frais aux chambres ; on écoutait la

pendule. Elle marche toujours. On la remontera demain matin. Loin dans le bois, des buis criaient sous le trot des renards. Les pierres du vieux mur bougeaient doucement. Le gros serpent devait se retourner dans sa cachette, frotter son cou contre l'angle d'une pierre pour faire tomber les vieilles écailles. Une grosse motte de fourmis, luisante et grondante comme un chat arrondi coulait lentement vers sa ville de dessous terre. Les racines des arbres se reposaient. Il n'y avait plus de vent. Le calme du soir. Elles lâchaient un peu la roche. On sentait que toute la colline se tassait et que les arbres étaient un peu plus des choses de l'air. On sentait qu'ils étaient un peu plus sans défense, comme des bêtes qui boivent. La résine coulait sur le tronc des pins. La petite goutte blonde, quand elle sortait de la blessure de l'écorce, avait le sifflement léger de la goutte d'eau qui touche le fer chaud. Ce qui la poussait dehors, c'était la grande force du soir, une force qui allait donner de l'émotion jusqu'au plus profond des granits ; de petits vers minces comme des cheveux étaient prévenus dans la profondeur des pierres et ils commençaient leur chemin vers la lune, à travers l'éponge de ce qui paraissait être de grain serré. Les sèves partaient du bout des racines et fusaient à force à travers les arbres jusqu'aux plus hautes pointes des feuilles. Elles passaient entre les onglons des oiseaux perchés. L'écorce de l'arbre, l'écaille de la patte, il n'y avait que ça entre les deux sangs de l'oiseau et de l'arbre. Il n'y avait que ces barrières de peau entre les sangs. Nous étions tous comme des vessies de sang les uns contre les autres. Nous sommes le monde. J'étais contre la terre de tout mon ventre, de toute la paume de mes mains. Le ciel pesait sur mon dos, touchait les oiseaux qui touchaient les arbres ; les sèves venaient des rochers, le grand serpent, là-bas dans le mur se frottait contre les pierres. Les renards touchaient la terre ; le ciel pesait sur leurs poils. Le vent, les oiseaux, les fourmilières mouvantes de l'air, les fourmilières du fond de la terre ; les villages, les familles d'arbres, les forêts, les troupeaux, nous étions tous serrés grain à grain comme dans une grosse grenade, lourde de notre jus.

(Jean le Bleu.)

*L'homme pur et sain ressemble à cette chose-ci ou à celle-là,
belle, saine et pure ; mais la communion est à double sens. La
terre, le ciel et le vent eux aussi connaissent l'homme, luttent
avec lui, s'unissent à lui.*

L'orage tourna et il fut emporté vers les fonds du sud, et
il se mit à rouler dans des échos lointains en écrasant des
plaines maraîchères dont, d'un coup, fuma l'odeur de légumes. On le voyait s'en aller là-bas loin. Il roula sur des collines et dans des bois de pins. Vint une odeur de résine.
Enfin, il s'enfonça en bouillonnant dans une gorge au fin
fond de la vallée. Il ne faisait plus qu'un bruit retentissant
mais léger comme le cours d'un char vide sur les chemins
pierreux de la montagne. Le soleil était revenu. Le ciel était
lavé et fleuri de petits nuages à couleur de pâquerette. Les
arbres soupirèrent. Les tuiles de la maison gémirent. Une
colombe roucoula. Le vent fit encore deux ou trois pas puis
il s'étendit dans l'herbe et ses longs membres silencieux
couchèrent l'herbe et il resta là, sans force et tout doré,
tout de suite endormi, avec à peine la respiration paisible
d'un beau travailleur qui se repose en souriant.

(Que ma joie demeure.)

Les bêtes connaissent encore l'innocence édénique.

La noce des chevaux dura tout le jour sous un ciel cheval
plein de galopades, de nuages et de courses mélangées de
l'ombre et du soleil. L'étalon mordit la nuque de la jument
noire. Elle creusa les reins comme pour s'ouvrir sous elle
et elle bondit vers les verdures de Randoulet. Ils galopaient
côte à côte, leurs crinières fumaient. L'étalon essayait toujours de mordre cette place craquante et chaude derrière
les oreilles. La jument sentait sur sa nuque la salive de l'étalon qui se refroidissait dans le vent du galop. Elle avait envie
d'ombre, d'herbe et de paix. Elle galopait vers l'ombre,
l'herbe et la paix. L'étalon la dépassait puis il se retournait
vers elle. Ils heurtaient leurs poitrails. Ils se soulevaient
l'un contre l'autre. Ils battaient l'air de leurs jambes de devant.
Ils s'appuyaient les sabots ferrés dans les poils et les sabots
ferrés glissaient dans la sueur. Ils secouaient la tête puis ils
retombaient sur la terre et ils repartaient au même galop.
Quand ils venaient ainsi de se dresser et de se heurter,
leur odeur de mâle et de femelle les suivait un moment
avant de se disperser dans le vent frais.

Vers le milieu du matin, ils abordèrent les grands champs
d'herbe que Randoulet avait laissés sur pied. C'était comme
un océan de foin frais, mûr au-delà de la maturité, avec les
graines et, de chaque côté de chaque tige, deux longues
feuilles couleur de tabac et qui éclataient en poussière quand
on les touchait. Ça n'avait ni borne ni fin. Ni l'étalon ni la
jument ne connaissaient l'herbe libre. Malgré leur grand
désir ils se plantèrent tous les deux des quatre pieds devant
cette immense merveille. Leurs gros yeux reflétaient la
blondeur des herbes. Ils ne pouvaient pas manger parce
qu'ils avaient trop envie l'un de l'autre mais ils reniflèrent
longuement l'odeur. Elle était exactement ce qu'il fallait
pour eux deux.

Ils entrèrent au pas d'amble dans l'herbe épaisse. Peu à
peu le foin leur monta jusqu'au poitrail. Les cosses de graines
éclataient, les feuilles sèches écrasées se soulevaient en
poussières blondes.

Au fond des verdures de Randoulet dormait l'étang, aplati
par son sommeil d'automne. Il reflétait le ciel. Il était comme
un trou dans la terre d'où l'on pouvait apercevoir le jour
profond. Mais avant d'être vide et bleu, portant le reflet
des oiseaux et des nuages, il venait avec son eau mince sous
les hautes herbes mêlées de joncs et de roseaux. Quand les
deux bêtes arrivèrent là, elles sentirent la fraîcheur de l'eau
monter le long de leurs jambes. Leurs sabots s'écartaient
dans la boue. Elles reniflaient l'odeur de l'étang. Elles eurent

Peinture mongole du 16ᵉ siè

les yeux éblouis par les reflets de l'eau. Elles entendirent claquer brusquement les nageoires des gros poissons réveillés. Elles se mirent à danser sur place et l'eau jaillit en longues flèches blanches qui s'allumaient au soleil dès qu'elles dépassaient les herbes. Alors, la fraîcheur leur toucha le ventre, et les reins, et les cuisses, et ce fut déjà comme un commencement de l'amour. Ils sentirent se calmer en eux la sauvagerie de cette ardeur qui les portait l'un vers l'autre. Ils se roulèrent dans l'eau en écrasant les herbes, et les bords de l'étang, et la boue. A mesure que l'eau les baignait, ils sentaient que l'ardeur sauvage se changeait en tendresse et, quand ils se relevèrent, un peu hébétés, frissonnants et couverts de boue, ils se léchèrent doucement le museau l'un à l'autre, d'abord autour de la bouche puis autour des yeux.

Après, comme ils regardaient le vaste monde autour d'eux, ils aperçurent, loin dans le nord, la barre rousse et verte de la forêt. Ils contournèrent l'étang. Au bout d'un long moment ils sortirent du grand pré. Ils marchèrent à travers champ. Ils arrivèrent à la forêt. Presque tous les arbres avaient des feuilles rousses et mortes. Ils cherchèrent de l'ombre fraîche. Une odeur vint de l'est qui disait que de ce côté étaient restés de grands arbres tout verts depuis le bas jusqu'en haut. Ils allèrent de ce côté. Ils rencontrèrent un cerf, et des biches, et des faons. Le cerf s'écarta d'un bond, les biches le suivirent, les faons bêlaient. La harde avait

133

laissé une forte odeur d'amour accompli. L'étalon posa sa tête sur la nuque de la jument. La jument s'arrêta. L'étalon ne mordit pas. Il recommença à marcher. La jument le suivit. Il marchait devant, maintenant, vers les arbres verts. Il les trouva à la fin. Ils étaient presque sur la lisière de la forêt. C'étaient des cèdres. Un était plus grand au milieu. Il était tout noir. Il distribuait une ombre noire. L'étalon et la jument s'approchèrent au pas de ces ténèbres pailletées de rayons verts. Là, ils s'arrêtèrent. L'étalon posa sa lourde tête sur le garrot de la jument. Elle se laissa faire. L'étalon resta un long moment immobile à renifler l'odeur du poil femelle. Puis, sans relever la tête, il s'approcha doucement du grand corps de la jument que les frissons du désir faisaient tressaillir comme un essaim de mouches. Il lécha la nuque. Il pencha la tête et il mordilla doucement l'oreille de la jument. Elle creusa ses reins pour s'ouvrir et elle resta ouverte, attendant. Alors, il monta sur elle et il lui fit longuement et paisiblement l'amour.

Après, ils mangèrent des herbes. Ils burent au ruisseau. Ils sortirent du bois. La jument se souvint de l'écurie. Elle commença à retourner. Elle trottait paisiblement comme si elle avait été attelée. L'étalon galopait à côté d'elle et autour d'elle. Il dansait et faisait dix fois le chemin d'aller et venir. Il lui coupait la route. Elle se détournait de lui et elle continuait à trotter droit vers l'écurie. Il réussit à l'arrêter dans le large du plateau et il la soumit encore une fois longtemps sous lui.

Ils firent route quelques heures puis il furent en vue de l'écurie. La toiture dépassait la terre. Mais ils avaient fait un gros détour vers l'ouest et ils arrivèrent du côté des pâtis où se trouvait la jument blanche. Elle claironna à pleins naseaux et elle vint s'appuyer à la barrière. L'étalon galopa vers elle. La noire fit encore quelques pas vers l'étable puis résolument elle s'arrêta. Elle regarda ce que faisaient les deux autres puis elle se mit à manger. L'étalon essayait de sauter la barrière, la jument blanche aussi. Enfin, en s'appuyant ils firent craquer les bois, puis la blanche s'élança et fit éclater la barrière et, emportée par son élan, elle galopa dans les terres. L'étalon s'élança à sa poursuite. La noire les suivit. La nuit tombait. Ils s'enfoncèrent tous les trois au galop dans le large du plateau. L'étalon avait déjà mordu la nuque de la blanche et sur le poil clair on voyait des traces de sang. La blanche riait à pleines babines en secouant la tête.

(Que ma joie demeure.)

134

Si l'homme est assez pur il peut connaître la joie fraternelle d'approcher les bêtes, comme Bobi, le sage vagabond, qui a su apprivoiser un grand cerf.

C'était une bête moitié bête et moitié arbre.

On voyait luire de larges yeux doux mais mâles.

— Qu'est-ce que c'est ? dit Jourdan.

— Un cerf, dit Bobi.

Il portait de larges bois.

— Seulement, dit Bobi, j'ai été obligé d'en chercher un qui soit presque un homme pour qu'on fasse bien le mélange, tu comprends.

— Non, dit Jourdan.

— Qu'est-ce qu'il fait avec ses yeux ? dit Marthe.

— Il regarde, dit Bobi. Et, voyez, tous les deux, comme ce qui est pur et sauvage éclaire l'ombre. Voyez qu'il a les yeux de la même couleur que les bourgeons, et voyez comme notre regard à nous ne sert plus à rien quand nous sommes en pleine ombre mêlés aux choses sauvages, comme quand nous n'avons plus que des pierres mortes sur les paupières parce que nous avons perdu la joie des saisons et la gentillesse naïve. Regardez comme il a les yeux luisants !

Le cerf ne bougeait pas. On voyait ses larges ramures et au-delà la forêt claire.

— Il reste gentiment avec nous, dit Jourdan étonné.

— C'était ça le difficile, dit Bobi, car il n'était pas obligé de savoir qu'on le mérite, dit-il encore. Et il y a trop peu de temps qu'on le mérite pour que les bêtes soient prévenues.

— Que c'est difficile ! soupira Marthe.

— Oui, dit Bobi, mais j'avais tous les atouts. Asseyons-nous une minute, je vais vous dire.

Assis dans l'herbe, ils voyaient le cerf encore debout. Il avait des jambes maigres, un corps solide, des vagues de poils sous le ventre, le cou droit, la tête immobile, de larges branches pleines de ciel noir et d'étoiles printanières.

— Il s'appelle Antoine, dit Bobi.

Il lui frappa doucement de la main sur les jarrets.

— Couche-toi.

Le cerf se coucha à côté d'eux. Il allongea sa tête entre leurs pieds. Il soufflait un souffle chaud qui tiédissait les jambes de Marthe et montait plus haut, sous ses jupes, vivant comme la poussée d'un sang.

— Oui, dit Bobi, le difficile, c'était de trouver une bête qui accepte.

— Pardon ? dit Jourdan.

— Notre odeur, dit Bobi, c'est notre odeur qui les gêne. Nous ne sentons plus l'homme ni la femme. Nous sentons une sorte de mélange et ils ont le nez fin. Je voulais trouver une bête qui soit déjà habituée mais qui conserve assez de liberté ; comment te dire ? Indulgente, dit-il, voilà. Non pas esclave comme les chevaux taillés, non pas en bataille comme les chevaux entiers, mais une bête qui se dise : « Vous sentez mauvais mais je vous pardonne ». Et puis qui sera capable d'apprécier notre bonne odeur quand nous l'aurons.

(Que ma joie demeure.)

Les grands bergers connaissent le souffle panique, lors des veillées sous les étoiles et des « jeux » lyriques improvisés.

Un grand silence. La cloche des béliers sonne ; d'ici, de là. Un berger se dresse. Il ne s'avance pas dans l'aire du jeu ; il reste au milieu de l'auditoire. Le récitant a entendu le bruit du berger qui s'est dressé ; il se tourne de son côté. Il le salue en silence en levant sa main gauche. Le berger salue le récitant en levant aussi sa main gauche, puis, d'un mouvement d'épaules, il se dépouille de sa lourde limousine de bure.

L'HOMME (Il crie lentement, d'une voix de tête) — *Seigneur, je suis nu, et tu as jeté à pleines mains les toisons et les feuillages.*

Seigneur, je suis nu, et tu as donné aux bêtes les griffes de tes mains et les ongles de tes pieds.

Seigneur, je suis nu, et tu m'as donné un pauvre cœur tout malade de vent comme la clochette des petites fleurs.

Le RÉCITANT (qui a le rôle du monde. Il parle de sa voix grave et une sourde flûte à eau qui l'accompagne en abaisse encore le ton). *Et l'homme sera sur moi comme la montagne d'entre les montagnes : il ruissellera de forêts, il marchera, vêtu de tout le poil des bêtes.*

Il sera le lion d'entre les lions : l'odeur de sa bouche épouvantera les agneaux et les faons, et jusqu'aux oiseaux du haut de l'air, ceux qui sont comme la clochette des petites fleurs.

Il sera le sommet d'entre les sommets : sa tête montera à la rencontre des étoiles et de son regard bleu il dénombrera les étoiles, comme des brebis dans l'enclos des pâtures.

(Le Serpent d'Étoiles.)

*La vie quotidienne la plus précise, la poésie seconde née
directement du travail le plus rude, ont aussi leur droit.*

Gaubert, c'est un petit homme tout en moustache. Du
temps où il y avait ici de la vie, je veux dire quand le village était habité à plein, du temps des forêts, du temps
des olivaies, du temps de la terre, il était charron. Il faisait
des charrettes, il cerclait les roues, il ferrait les mulets. Il
avait alors de la belle moustache en poils noirs ; il avait
aussi des muscles précis et durs comme du bambou et trop
forts pour son petit corps, et qui le lançaient à travers la
forge, de ci, de là, de ci, de là, toujours en mouvement,
à sauts de rat. C'est pour cela qu'on lui a mis le nom de
« guigne-queue », ce petit oiseau que les buissons se jettent
comme une balle sans arrêt pendant trois saisons de l'an.

C'est Gaubert qui faisait les meilleures charrues. Il avait
un sort. Il avait creusé un trou sous un cyprès et le trou
s'était empli d'eau, et cette eau était amère comme du fiel
de mouton, probablement parce qu'elle suintait d'entre les
racines du cyprès. Quand il voulait faire une charrue, il
prenait une grande pièce de frêne et il la mettait à tremper

dans le trou. Il la laissait là pas mal de temps, de jour et de nuit, et il venait quelquefois la regarder en fumant sa pipe. Il la tournait, il la palpait, il la remettait dans l'eau, il la laissait bien s'imbiber, il la lavait avec ses mains. Des fois, il la regardait sans rien faire. Le soleil nageait tout blond autour de la pièce de bois. Quand il revenait à la forge, Gaubert avait les genoux des pantalons tout verts d'herbe écrasée. Un beau jour, c'était fait ; il sortait sa poutre et il la rapportait sur l'épaule, toute dégouttante d'eau comme s'il était venu de la pêcher dans la mer ; puis, il s'asseyait devant sa forge. Il mettait la pièce de bois sur sa cuisse. Il la pesait de chaque côté à petites pesées ; il la tordait doucement et le bois prenait la forme de la cuisse. Eh bien ça, fait de cette façon, c'étaient les meilleures charrues du monde des laboureurs. Une fois finie, on venait la voir ; on la touchait ; on la discutait, on disait :

— Gaubert, combien tu en veux ?

Et lui, il s'arrêtait de sauter de l'enclume au baquet pour dire :

— Elle est promise.

Maintenant, Gaubert, c'est un petit homme tout en moustache. Les muscles l'ont mangé. Ils n'ont laissé que l'os, la peau de tambour. Mais il a trop travaillé, et plus avec son cœur qu'avec ses bras ; ça fait maintenant comme une folie.

Sa forge est au sommet du village. C'est une forge froide et morte. La cheminée s'est battue avec le vent et il y a des débris de plâtre et de briques dans le foyer. Les rats ont mangé le cuir du soufflet. C'est là qu'il habite, lui, Gaubert. Il a fait son lit à côté du fer qui restait à forger et qu'il n'a pas forgé. C'est allongé, glacé dans l'ombre, sous la poussière, et il s'allonge à côté, le soir. Sur le parquet de terre battue, l'humide a fait gonfler des apostumes gras. Mais, il y a encore l'enclume et, autour d'elle comme un cal, la place nette, tannée par les pieds du forgeron. L'enclume est toute luisante, toute vivante, claire, prête à chanter. Contre elle, il y a aussi un marteau pour « frapper devant ». Le bois du manche luit du même bon air que l'enclume. Tout le jour, quand il s'ennuie, Gaubert vient, met les deux mains au marteau, le lève et tape sur l'enclume. Comme ça, pour rien, pour le bruit, pour entendre le bruit, parce que, dans chaque coup, il y a sa vie, à lui.

(Regain.)

Valensole, où se passe Le grand troupeau.

Dans le tableau d'une étonnante « veillée à corps absent »,
en l'honneur d'un enfant du pays mort à la guerre de 14, on
voit bien comment Giono sait unir l'observation et le lyrisme,
le familier et le grandiose du vieux rite provençal.

La grande salle de la ferme est pleine de monde. On a tout
enlevé : le buffet, l'armoire, le pétrin. On a aligné le long des
murs les chaises à dossier droit. On est assis là sur ces chaises
autour de la salle vide. On a éteint l'âtre. On a balayé les cendres, on en a fait un tas au milieu de l'âtre pour bien dire
qu'il n'y a plus de feu.

Au milieu de la salle, la table toute nue, toute vide et,
aux quatre coins de la table, de longs cierges jaunes allumés.

Tous ceux du plateau sont là. Ils sont tous venus : des
vieux, des femmes et des filles, raides sur leurs chaises raides.
Ils ne disent rien. Ils sont à la limite de l'ombre. Ils regardent
la table vide et les cierges, et la lumière des cierges vient
juste un peu mouiller leurs mains à plat sur les genoux.
De temps en temps quelqu'un tousse.

La Félicie a sorti son deuil, le deuil toujours prêt dans
l'armoire : la jupe noire, le corsage noir à pois blancs et, sur
la tête, le fichu noir qui, tout d'un coup, la fait vieille. On
ne voit d'elle que ses yeux rouges et sa grande bouche toute
tordue.

Elle est près de la porte à accueillir.

— Nous prenons bien part, Félicie, dit le papé.

— Merci bien, dit Félicie.

Le petit Paul est là près d'elle, en son dimanche, avec un beau nœud de ruban bleu sous le menton ; on lui a mouillé les cheveux pour lui faire la raie.

— Merci 'bien ! il dit lui aussi.

Ils viennent tous ceux du plateau. On entend des pas là dehors, des voix. Puis, en approchant de la porte tout se tait. On chuchote. Félicie attend, raide et noire près de la porte. On entre. Elle tend la main.

— Nous prenons bien part.

— Merci bien !

— Merci bien ! dit le petit Paul.

Ils viennent, ils sont là tout autour dans la grande salle de la ferme à l'âtre vide. Ils sont là raides et muets à veiller le corps absent.

Félicie vient s'asseoir près de la table à un bout. Le petit Paul s'asseoit près d'elle sur une chaise haute. Ses pieds ne touchent plus terre.

Alors la vieille Marthe du « Blé déchaud » s'est dressée et elle est venue près de Félicie, mais de l'autre côté. Elles sont toutes deux comme à la tête du mort qu'on veille. On attend... On se retient de tousser... Un grand silence épais couvre tout...

— Nous veillons le corps absent d'Arthur Amalric mort à la guerre, déclame la vieille Marthe. Que chacun se recueille dans son amitié pour celui qui était le sel de la terre...

Elle met la main au pot. Elle tire une poignée de sel, elle vient le mettre au centre de la table nue, elle en fait un petit tas. Elle sort de dessous sa robe un gros rosaire en noyeaux d'olive ; elle s'agenouille près de la table.

Le lourd silence revient.

— Oh ! mon Arthur ! crie Félicie.

Elle est raide comme du bois. D'entre son fichu noir elle regarde droit devant elle.

— Oh ! mon Arthur ! Toi qui étais si brave ! Toi qui me disais : « Soigne-toi bien ! » Ah ! je l'ai maintenant ce qui me soigne et ce qui me soignera tant que je serai pas morte, moi aussi.

— Que chacun se recueille dans son amitié pour celui qui était le sel de la terre ! bourdonnent ceux du plateau.

(Le grand troupeau — Le Printemps sur le plateau.)

Les premières joies sensuelles, grâce à la douceur d'une jeune repasseuse...

Louisa avait de petites mains frémissantes et tièdes comme des oiseaux. A chaque galopade de chevaux ou cri des rues, elle me tirait contre elle, elle me serrait contre elle à me faire toucher sa cuisse de la tête. Et chaque fois je m'étonnais de sentir sous ses jupes cette grosse chose mouvante et chaude. Se pouvait-il qu'il y eût sous ces jupes — toujours propres, toujours taillées au fin ciseau, et fraîches, et fleuries comme des haies d'aubépines — se pouvait-il qu'elles fussent pleines d'une bête nue et ronronnante ? Louisa avait des yeux clairs et ronds qui regardaient toujours en face avec l'innocence d'une enfance qui s'était continuée à travers sa beauté et par sa beauté. Elle faisait face au vent et à la rue, à la rue qui ruisselait de chevaux, de portefaix, de brouettes et d'hommes portant des planches ; elle faisait face à tout avec son visage de dragée et ses beaux yeux calmes. Oseriez-vous, semblait-elle dire ? Ce petit enfant-là et moi, moi ? Ce moi était si doux, si lisse et si blanc ! J'enfonçais mes petites mains dans la tiédeur de ses mains, je la regardais ; elle me souriait. Nous marchions du même pas, moi me forçant un peu pour atteindre au rythme vélivole et longuement balancé de sa marche à hauts talons, et parfois elle chantonnait un chant léger tout parfumé de son odeur et qui nous portait, elle et moi, comme un nuage.

Un nuage !

C'est un nuage qui aurait dû habiter ses jupes et non pas cette bête chaude que je n'avais jamais vue, que j'aurais bien aimé voir — bien aimé, non, en tout cas, avec une grande peur — et qui grondait sourdement dessous Louisa innocente. Au grillage, elle se penchait vers moi, elle m'embrassait et j'entrais à l'école en me léchant les lèvres.

(Jean le Bleu.)

... ou de Sœur Clémentine aux belles hanches.

Ce qui séduisait en sœur Clémentine, c'était le milieu de son corps. Au repos, il n'y avait là, à vrai dire, que la cordelière épaisse et rude et les plis de sa noire futaine, autant que je m'en souviens, trois grands plis qui montaient comme des guirlandes contre sa poitrine et dix plis qui descendaient jusqu'à ses pieds. Elle portait la robe un peu courte, assez pour découvrir ses chevilles. Ainsi immobile, les bras pliés

pour tenir son livre, la tête droite, elle avait la noblesse des colonnes. Mais...

Mais, à des moments de notre classe du matin, quand, bien séparés du monde bruyant de la rue et de la ville nous entendions le calme du couvent couler en nous avec ses pépiements de pigeons et le frottement de ses lilas contre les murs, sœur Clémentine se mettait à marcher. En ce moment où j'écris, là, avec mon amère cigarette au coin de la bouche, mes yeux déjà brûlés, ma lampe et, contre la fenêtre, la nuit de la vallée où se traîne la phosphorescence des charrettes de paysans, je viens de quitter la plume et de

penser à toutes mes expériences d'homme. Certes, devant les yeux secrets de mes sens, il y a eu la danse de presque tous les serpents séduisants du monde.

Je n'ai jamais goûté de joie plus pure, plus musicale, plus entière, plus sûrement fille de l'équilibre que la joie de voir marcher sœur Clémentine.

Cela naissait comme un tournis de vent. Le bois des gradins criait d'un petit cri magnétique. Elle marchait. Elle avait des sandales de feutre ; la plante de ses pieds claquait doucement. Une ondulation qui était à la fois vague, col de cygne, gémissement, montait dans la colonne. C'était si ample et si solide, cela venait en si droite ligne des profondeurs de la terre que, si l'ondulation était montée jusqu'au cou de sœur Clémentine, elle l'aurait brisé comme une tige d'iris. Mais elle la recevait sur le beau ressort de ses hanches, elle la muait en un balancement de navire qui part et tout le haut de son corps : poitrine, épaules, cou, tête et cornette, frémissait comme une voilure gonflée d'une pointe de vent.

(Jean le Bleu.)

Odeurs et lumières dans la nature.

Des érables s'allumaient dans toutes les salles de la forêt.

A la lueur des bourgeons ouverts on distinguait de nouvelles salles, de nouveaux piliers, de nouveaux couloirs, de nouvelles charpentes de branches.

— La forêt est profonde, dit Jourdan.

— Ça sent le tilleul !

— Regarde là-haut, dit Jourdan.

— Ce sont des érables, dit Marthe.

— Non, dit Jourdan, regarde, ça grossit, ça s'étend, regarde. Ça va d'une branche à l'autre.

— Regarde, dit Marthe, ça éclaire en dessous et là-bas ça ressemble à une cave.

— Des lampes, cria-t-elle en tendant son doigt !

Les saules dépliaient leurs feuilles bourgeons à bourgeons le long de leurs branches droites. Il n'y avait que la lueur des étoiles et la lueur des bourgeons. Mais, plus que toutes les autres, les feuilles neuves du saule sont lumineuses et autour de chaque bourgeon elles éclairaient l'écorce d'or de la branche. Ainsi autour des saules s'élargissait peu à peu un halo couleur de cuivre.

— Dresse-toi, dit Jourdan, il faut regarder partout.

Partout les bourgeons s'ouvraient ; tous les arbres allumaient peu à peu des feuilles neuves. C'était comme la lueur

Avec Maximilien Vox.

de plusieurs lunes. Une lueur blanche pour les feuilles d'aulnes, les pétales d'érables, les feuilles de fayards, la mousse des peupliers ; une lueur mordorée pour les bouleaux dont le petit feuillage reflétait les troncs et se reflétait dans l'écorce ; une lueur de cuivre pour les saules ; une lueur rose pour les alisiers et un immense éclairage vert qui dominait tout, la lueur des feuillages sombres, les pins, les sapins et les cèdres.

Les odeurs coulaient toutes fraîches. Ça sentait le sucre, la prairie, la résine, la montagne, l'eau, la sève, le sirop de bouleau, la confiture de myrtille, la gelée de framboise où l'on a laissé des feuilles, l'infusion de tilleul, la menuiserie neuve, la poix de cordonnier, le drap neuf. Il y avait des odeurs qui marchaient et elles étaient si fortes que les feuilles se pliaient sur leur passage. Et ainsi elles laissaient derrière elles de longs sillages d'ombres. Toutes les salles de la forêt, tous les couloirs, les piliers et les voûtes, silencieusement éclairés, attendaient.

(Que ma joie demeure.)

Je ne sais pas peler une orange.

Les joies quotidiennes (l'énumération continue pendant trois pages) :

Sous quelque forme que ce soit, dès que le monde me touche ou dès que je le touche, j'aime exister. Je ne parle pas de la joie, mais du mélange ; je parle de ce combat dont incessamment il faut que je prolonge le temps. Il ne s'agit pas d'un rapport immobile entre deux chiffres ; il s'agit de l'affrontement de deux valeurs vivantes et ce sont les fluctuations incessantes du rapport de grandeur entre elles qui ordonnent la joie. Faucher le blé, battre l'épi, vanner la balle, moudre le grain, pétrir la farine, mouler le pain, chauffer le four ; ouvrir tous les matins les grandes portes grecques des bergeries, pousser le troupeau vers les herbages, le rentrer

à midi, le faire sortir de nouveau à l'approche du soir et,
quand la nuit d'été est plus fleurie qu'un pré, fermer sur
le troupeau les grandes portes craquantes, tondre la brebis,
filer la laine entre deux doigts, tricoter la laine, tisser la laine ;
agneler la brebis, frotter l'agneau, soigner l'agneau qui a
la clavelée, le raide, le ver, la fièvre, faire téter l'agneau dans
le seau avec le pouce comme tétine, lâcher les agneaux dans
l'étable, aller les reprendre sous chaque ventre, les enfermer
dans leurs claies, porter l'agneau dans ses bras le long des
grands devers de fougères qui descendent vers les bergeries,
tuer l'agneau, le gonfler, l'écorcher, le vider, lui couper la
tête, abattre les gigots et les épaules, scier l'échine par le
milieu, détacher les côtelettes, racler la peau, la sécher,
la tanner, s'en faire une veste...   *(Triomphe de la Vie.)*

*Un simple repas de paysans, en pleine nature, peut être d'une
sensualité dionysiaque.*

Il y avait les herbes d'amour. Il y avait la chair noire du
lièvre faite avec le meilleur des collines. Il y avait la force
du feu. Il y avait le vin noir. A tout ça s'ajoutait l'air qu'on
mâchait en même temps que la viande — un air parfumé
aux narcisses, car le petit vent venait du champ ; le ciel,
le printemps, le soleil qui chauffait les coins souples du
corps avec insistance — on aurait dit qu'il savait ce qu'il
faisait — il chauffait le tendre des aisselles, les ruisseaux
de devant le ventre, ces deux raies entre le ventre et la cuisse
et qui se rejoignent — juste là ! — Il chauffait la nuque avec
parfois comme une morsure comme font les gros chats
pour donner envie d'amour aux chattes qui crient après mais
s'énervent seules. Il y avait que tout avait soudain odeur et
forme. Le plateau tout entier suait son odeur de plateau.
On était comme installé sur la large peau d'un bélier.
    Marthe regarda la forêt. Le sang battait fort. Les batteurs
de tambours de danses n'étaient plus cachés sous les arbres.
Ils avaient fait un bond hors des lisières. Ils battaient leurs
tambours à l'air libre. Tout le ciel en sonnait, tous les échos
en sonnaient. On avait la tête pleine de ce bruit de sang.
On avait envie de danser. Non pas danser face à face et debout
avec la musique comme on fait d'ordinaire, non. Danser
comme cet incessant tambour du sang le demandait. On ne
savait pas bien comment, mais danser et être libres.

                              (Que ma joie demeure.)

Giono, avant de chanter la joie fraternelle des étoiles et des hommes, s'était penché sur le sol pour y contempler, avec l'amour le plus minutieux, un fourmillement tout semblable, aussi important...

La chaleur gonflait des fruits partout. Jusqu'à présent ils n'avaient été que de petits globes verts ou les étuis mous d'une farine laiteuse. Maintenant, ils mûrissaient. Le monde entier s'inquiétait du gonflement des fruits. Il n'y avait pas un morceau de la terre qui ne soit parcouru d'animaux dans cette grande quête de désir et d'attente. Les fourmis cherchaient les fortes tiges brunes de datura ; elles montaient en longues colonnes jusqu'à la fleur flétrie ; elles entraient dans les corolles ; elles allaient tâter avec leurs petites pattes le ventre vert du pistil. Il lui fallait encore quelques jours de chaleur pour qu'il soit mûr à point. Elles redescendaient. Pas plus tôt dans l'herbe qu'elles croisaient le petit sentier foulé où venait de passer un rat. On l'entendait là-bas plus loin renifler vers des avoines. Si la barbe du grain était verte et emperlée c'est que le grain n'était pas mûr. Pour être mûr, il lui fallait la barbe jaune et cassante. Et à ce moment-là il sentait le lait aigre. Mais le rat pensait encore à beaucoup de choses. Il pensait aux capsules de pavot. Il aimait les graines noires. D'un coup rapide de langue rouge il se lécha le bout pointu du museau.

Quand les bêtes étaient couchées pour se reposer, elles entendaient des grattements au fond de la terre. C'étaient les taupes en train de creuser de petits couloirs en direction de certaines racines à fruits. Dans le fond de la terre, s'arrondissaient les fruits pâles des racines. Dans l'herbe les fruits de l'herbe, dans l'eau les fruits de l'eau, dans l'arbre les fruits de l'arbre. Pas une tige, pas un vaisseau du bois, pas un tronc, pas une branche qui n'aboutisse à un fruit. Pas une sève qui ne vienne s'endormir et rêver dans le petit alambic rond d'un fruit.

(Que ma joie demeure.)

Banon.

*Le poète peut même, s'il lui plaît, être tout à fait « réaliste »,
comme dans cette description de la foire de Banon.*

Malgré le mauvais an, le grand marché d'été a rempli
la villotte. Il y a des hommes et des chars sur toutes les
routes, des femmes avec des paquets, des enfants habillés
de dimanche qui serrent dans leurs poings droits les dix
sous pour le beignet frit. Ça vient de toutes les pentes des
collines. Il y en a un gros tas qui marche sur la route d'Ongles,
tous ensemble, les charrettes au pas et tout le monde dans
la poussière ; il y en a comme des graines sur les sentiers
du côté de Laroche, des piétons avec le sac à l'épaule et la
chèvre derrière ; il y en a qui font la pause sous les peupliers
du chemin de Simiane, juste dessous les murs, dans le son
de toutes les cloches de midi. Il y en a qui sont arrêtés au
carrefour du moulin ; ceux de Laroche ont rencontré ceux
du Buëch. Ils sont emmêlés comme un paquet de branches
au milieu d'un ruisseau. Ils se sont regardés les uns les autres

d'un regard court qui va des yeux aux sacs de blé. Ils se sont compris tout de suite.

« Ah ! qu'il est mauvais, cet an qu'on est à vivre ! »

« Et que le grain est léger ! » — « Et que peu il y en a ! »

« Oh ,oui ! »

Les femmes songent que, là-haut sur la place, il y a des marchands de toile, de robes et de rubans, et qu'il va falloir passer devant tout ça étalé, et qu'il va falloir résister. D'ici, on sent déjà la friture des gaufres ; on entend comme un suintement des orgues, des manèges de chevaux de bois ; ça fait les figures longues, ces invitations de fête dans un bel air plein de soleil qui vous reproche le mauvais blé.

Dans le pré qui pend, à l'ombrage des pommiers, des gens de ferme se sont assis autour de leur déjeuner. D'ordinaire, on va à l'auberge manger la « daube ». Aujourd'hui, il faut aller à l'économie.

Ça n'est pas que l'auberge chôme ; oh ! non : à la longue table du milieu, il n'y a plus de place et déjà on a mis les guéridons sur les côtés, entre les fenêtres, et les deux filles sont rouges, à croire qu'elles ont des tomates mûres sous leurs cheveux, et elles courent de la cuisine à la salle sans arrêter, et la sauce brune coule le long de leurs bras. Ça n'est pas qu'on ait le temps de dire le chapelet à l'auberge, non, mais ceux qui sont là c'est surtout le courtier du bas pays, le pansu qui vient ici pour râcler le pauvre monde parce qu'il sait mieux se servir de sa langue et qu'il veut acheter avec le moins de sous possible. Pas du beau monde. Sur la place, les colporteurs et les bazars ont monté des baraques de toile entre les tilleuls. Et c'est répandu à seaux sous les tentes : des chapeaux, des pantoufles, des souliers, des vestes, des gros pantalons de velours, des poupées pour les enfants, des colliers de corail pour les filles, des casseroles et des « fait-tout » pour les ménagères et des jouets et des pompons pour les tout-petits, et des sucettes pour les goulus du tété dont la maman ne peut pas se débarrasser. Et c'est bien pratique. Il y a des marchands à l'aune avec leur règle de bois un peu plus courte que mesure.

« Et je vous ferai bonne longueur ; venez donc ! »

Il y a les bonbonneries, et les marchands de sucrerie et de friture avec des gamins collés contre comme des mouches sur pot à miel ; il y a celui qui vend des tisanes d'herbes et des petits livres où tout le mal du corps est expliqué et guéri, et il y a, près de la bascule à moutons, un manège de chevaux de bois bariolé et grondeur qui tourne dans les arbres comme un bourdon.

Et ça fait, dans la chaleur, du bruit et des cris à vous rendre sourds comme si on avait de l'eau dans les oreilles. Chez Agathange, on a laissé les portes du café ouvertes. Il en coule un ruisseau de fumée et de cris. Il y a là-dedans des gens qui ont dîné de saucisson et de vin blanc autour des tables de marbre et qui discutent maintenant en bousculant les verres vides du poing et de la voix. Agathange n'en peut plus. Il est sur ses pieds depuis ce matin. Pas une minute pour s'asseoir. Toujours en route de la cuisine au café et il faut passer entre les tables, entre les chaises. Voilà celui-là du fond qui veut du vermouth maintenant. Va falloir descendre à la cave. Il est en bras de chemise : une belle chemise à fleurs rouges. Il a le beau pantalon et pas de faux-col. Le faux-col en celluloïd est tout préparé sur la table de la cuisine à côté des tasses propres. Il y a aussi les deux boutons de fer et un nœud de cravate tout fait, bien noir, bien neuf, acheté de frais pour tout à l'heure.

(Regain.)

*Pointe-sèche de Georges Robert
pour* Regain.

Pour satisfaire son appétit de merveilleux, Giono met dans la bouche du vieux, sage et terrible Janet moribond la légende du crapaud :

Le crapaud qui a fait sa maison dans le saule est sorti.

Il a des mains d'homme et des yeux d'homme.

C'est un homme qui a été puni.

Il a fait sa maison dans le saule avec des feuilles et de la boue.

Son ventre est plein de chenilles et c'est un homme.

Il mange des chenilles, mais c'est un homme, n'y a qu'à regarder ses mains.

Il les passe sur son ventre, ses petites mains, pour se tâter : C'est bien moi, qu'il se demande dans sa jugeote, et il pleure, quand il est bien sûr que c'est lui.

Je l'ai vu pleurer. Ses yeux sont pareils à des grains de maïs, et à mesure que ses larmes coulent, il fait de la musique avec sa bouche.

Un jour, je me suis dit : « Janet, qui sait ce qu'il a fait comme ça, pour avoir été puni, et qu'on lui ait laissé seulement ses mains et ses yeux ? »

(Colline.)

Mais le merveilleux naît bien plus naturellement, sans que soit dérangé l'ordre des choses, de leur simple juxtaposition, ou surimpression, — fût-ce, comme ici, dans un salon bourgeois. On croirait lire une des pages les plus poétiques de Proust.

[Je vis une jeune fille] extraordinairement belle, avec un tout petit visage très pointu, d'immenses yeux immobiles. Elle devait être très blonde ; à contre-jour, ses cheveux paraissaient blancs. Elle avait un empiècement de corsage noir qui soutenait son visage triste, mais extasié comme dans la contemplation d'un paradis. Le reste de sa robe était d'un organdi blanc immaculé, mais comme doré par ses formes exquises. J'étais trop jeune pour apprécier quoi que ce soit des formes d'une femme, mais trop garçon pour ne pas avoir honte, dans un écœurement d'amande amère, des culottes courtes et du col marin de l'âge ingrat. Au moment où je la regardais avec la conscience qu'il n'y avait rien de plus beau sur la terre et une instinctive jalousie d'homme pour tout ce qui pouvait l'approcher, son visage fut recouvert d'un autre visage très ordinaire, et l'empiècement noir de son corsage disparut soudain sous un jabot blanc bouillonné. Mais, comme cette femme nouvelle se tournait pour parler à son voisin, j'aperçus derrière elle grand-mère. C'était elle qui, étant arrivée juste derrière une jeune fille penchée sur un porte-cartes, avait ainsi repris furtivement un corps de jeunesse. Mais maintenant que la jeune fille avait relevé la tête et que son corps portait son vrai visage, il n'avait plus qu'un attrait ordinaire, comme le corps de toutes les jeunes filles qui étaient là, dans le coin aux carafes. Il n'avait brillé d'un éclat exceptionnel que pendant le court instant où le visage de ma grand-mère l'avait surmonté. Je compris, par cette superposition à quoi avait puissamment aidé la pénombre du coin aux carafes, la gloire attachante de grand-mère. Elle pouvait ensuite, dans sa belle redingote noire et sous ses cheveux, non pas blonds, mais très blancs, s'en aller à travers les lumières du salon, il y avait toujours quelque entrecroisement d'ombres et de rayons, quelque entrecroisement de souvenirs pour ressusciter son ancienne splendeur.

(Mort d'un Personnage.)

La magie peut naître aussi de l'horreur, du macabre, d'un étal de boucher aux viandes nacrées, ou d'un organe humain comme le foie, considéré par un étrange docteur comme la plus étrange contrée d'une géographie inconnue. On voudra peut-être noter au passage comme l'alternance du style indirect et du style direct donne un parfait naturel à l'extravagant et poétique soliloque du docteur.

Un foie d'adulte, placé dans une dame ou dans un monsieur, vertical et en bonne santé, c'est une belle chose ! Ce n'est pas Claude Bernard qu'il faut ici. Il nous dit que le foie fabrique du sucre. Sommes-nous plus ferrés sur la mer quand nous savons qu'elle fabrique du sel ? Si nous voulons avoir une petite idée de l'aventure humaine, ce n'est pas Claude Bernard qu'il faut ici, c'est Lapérouse, Dumont d'Urville, ou mieux encore, les vrais dépendeurs d'andouilles : Christophe Colomb, Magellan, Marco Polo. J'ai découpé du foie humain, en veux-tu en voilà, avec mes petits couteaux. J'ai assuré mes lunettes sur mon nez et j'ai dit : « Voyons voir », comme tout le monde. J'ai vu quoi ? Qu'à l'occasion il était engorgé ou corrompu, injecté ou obstrué, qu'il adhérait parfois au diaphragme. Ça m'a fait une belle jambe !

Il prétendait, lui, ici présent, que le foie est semblable à un extraordinaire océan, où la sonde ne touche jamais le fond, et conduisant à des Malabars, des Amériques, à de somptueuses navigations dans des espaces tendus d'un double azur. Il s'était naturellement fait traiter d'esprit non scientifique et même d'âne bâté par des cliniciens qui prenaient comme tout un chacun leur colère et leur indignation dans leur foie, sans essayer de penser une minute que, si ce manque de logique était le produit du sucre, c'était en tout cas d'un sucre avec lequel il était difficile de sucrer son café.

Il ne conseillait certes à personne, étant donnés les chemins objectifs dans lesquels la science expérimentale tenait à s'engager, de parler de monstres, d'îles de Pâques, d'orages, de brises fraîches, de langueurs, de chaumière indienne, de bougainvilliers, de cassia, d'or, de foudres, de goélands, et en un mot de tout ce qu'il faut pour changer de ciel et de rêves, à propos du foie ? A moins d'être, comme lui, décidé à supporter les sarcasmes et à laisser voguer la galère ou pisser le mouton.

Car, donnez-moi un foie et une carcasse, d'homme ou de femme, *ad libitum*. Je fourre l'un dans l'autre, et voilà de quoi entreprendre, réussir ou rater tous les tours de passe de la vie méditative ou de celle de société. J'assassine Fualdès et Paul-Louis Courier. Je vends des nègres, je les affranchis, j'en fais de la chair à pâté ou des drapeaux pour des assemblées consultatives. J'invente, je fonde la société de Jésus et je la fais fonctionner, j'aime, je hais, je caresse et je tue, sans parler de la main de ma sœur dans la culotte du zouave qui assure la pérennité de l'espèce.

Il attirait l'attention sur la chose suivante : ces exemples n'étaient pas choisis au hasard. Il entendait dire que nous avions ici, non pas le générateur des actes bruts mais de toutes les combinaisons et fioritures : l'orgue de barbarie pour étouffer les cris de la victime, la femme adultère pleine de forêts nocturnes, de coups de fusils et d'ouverture de testament, bref, toute la comédie, y comprise celle qui se joue, non plus sous les fronts mais sous tous les frontons, comme il avait l'honneur de le préciser.

Il ne lui restait plus qu'à enrouler à côté de ça quelques mètres de boyaux, sans oublier le culier qui donne de l'espace et du lyrisme, de placer des reins, une rate, quelques viscères adventives et il pouvait mettre dans toute la gamme des passions autant de bémols et de dièses à la clef qu'il était nécessaire au magnifique animal à deux pattes, menteur par excellence. Était-il besoin de dire qu'il n'attachait pas au mot menteur un sens péjoratif, loin de là ? Il savait être objectif comme père et mère à l'occasion.

Parenthèse. Il voulait faire ressortir le bien-fondé de sa façon de voir les choses. Le choléra est une maladie de grands fonds ; il ne se transmet pas par contagion mais par *prosélytisme*. Avant d'aller plus loin il fallait songer à une chose très importante. Voici un homme (ou une femme) ouvert de la tête aux pieds comme bœuf à l'étal et voilà, penché sur lui avec tous ses appareils, l'homme de l'art. Ce dernier peut très bien connaître de quoi l'homme (ou la femme) est mort. Mais les sens profonds du « pourquoi », c'est une autre affaire. Une autre affaire qui, pour être au clair, nécessiterait la connaissance du « comment » cet homme (ou cette femme) a vécu. Or, cet homme (ou cette femme) a aimé, haï, menti, souffert et joui de l'amour, de la haine et du mensonge des autres. Mais, aucune trace à l'autopsie. Cet homme (ou cette femme) a aimé et je n'en sais rien. Il a haï (je n'en sais rien) ni de quelle façon. Il a joui et souffert : poussière ! Qui nous assure l'absence de rapports proches ou lointains entre cette bile verdâtre qui emplit les boyaux, et l'amour ? (Quand il est vrai, profond, tel qu'il doit être et continu pendant dix ou vingt ans, même pour des sujets divers, je vous l'accorde), qui me certifie que la haine, la jalousie n'ont aucune part dans ces taches pourprées et livides, ces charbons intérieurs que je découvre dans les follicules muqueux intestinaux ? Qui soutiendra que la foudre bleuâtre pleine de paons sauvages de la jouissance s'est abattue des milliers de fois sur cet organisme sans laisser de traces ? Ne sont-elles pas celles que je vois ? Fermons la parenthèse.

(Le Hussard sur le toit.)

La joie ne résiste pas toujours aux coups du sort, à une passion trop lourde. La belle Pauline de Théus, dont nous retrouverons dans d'autres romans la jeunesse orageuse, vieillit comme une morte avant le temps, à cause d'un amour perdu.

Nous avions beau vivre, grand-mère était très loin de nous, et même si, abandonnant tout ce qu'on pouvait abandonner de la vie — sans mourir — nous essayions de la rejoindre pour la rendre par la main et la tirer vers la terre, elle ne détournait même pas son visage des profondeurs où elle s'enfonçait et il fallait la perdre, ou nous perdre.

Pourtant, elle était vivante. Nous ne nous serions pas escrimés derrière un mort. Il est naturel qu'un mort aille où il doit aller. Il était monstrueux, non seulement qu'elle s'efforce d'y aller sans mourir, mais que, sans mourir, elle soit déjà si loin de ce côté. Il était monstrueux qu'elle soit capable de résister à notre appel, à l'appel des hommes et des femmes ; c'est peu de chose, mais il y avait des visages, des tendresses, des amitiés et le Shakespeare perpétuel des entrelacements de drames, de clowneries et de tempêtes, de résister à l'appel de cette surface de la terre, si miraculeusement, solidifiée en forme d'espérance que les mots mêmes, d'habitude, ne la lâchent pas des pieds sans essayer de s'y tenir les mains. Il était monstrueux qu'elle soit capable de préférer l'endroit où il est impossible, de vivre suivant les lois de la terre, et de le préférer avec tant de violence qu'elle n'avait pas le temps d'attendre que la mort lui en permette naturellement l'entrée. Qu'est-ce qui motivait cette surhumaine préférence ? Elle vivait comme tout le monde. Mieux que tout le monde. Sa politesse exquise, sa douceur rendaient son commerce extrêmement agréable. Elle était une grande dame. Elle n'avait aucune faiblesse, aucun défaut. Tous l'aimaient. Il suffisait de la voir à côté d'un arbre pour se rendre compte que jamais personne n'avait été aussi terrestre qu'elle. Je la vis une fois dans un pré. Nous avions été emmenés en boguet au-delà de Gémenos, dans la vallée de Saint-Pons. Elle fit un bouquet de pâquerettes et de boutons d'or, elle toute noire dans ce vert et ces fleurs, utilisant timidement et avec une gaucherie adorable d'anciens gestes de jeune fille, mais qu'avec une suprême habileté elle mettait à sa raideur et à son âge. Elle éleva le bouquet jusqu'à ses yeux et elle le fit tourner devant son regard pour lui présenter toutes les fleurs dans la lumière, et de sa main droite dont les doigts nus sortaient de mitaines de dentelle noire, elle les caressa. Parfois, ainsi, on l'entendait tout doucement gémir, en bas, sur ses pentes, dans les ténèbres.

(Mort d'un Personnage.)

Chez tous les êtres, la joie, l'amour, la mort, sont étroitement unis. Toussaint le guérisseur, le solitaire, sait bien que ce ne sont que des « maillons » successifs dans l'incessante évolution du monde.

Il posa sa main sur le genou d'Antonio. Il avait levé vers lui son pauvre visage, ses yeux lourds.

— Il y a des vérités que tu sens, dit-il, et il y a des vérités que je sais. Et ce que je sais est plus grand. L'été je vais dans les sablières chercher la Madame-des-Lunes. Le sable est immobile mais au-dessus l'air est tout impatient. Puis le sable bouge et les femelles sortent. Ainsi, pendant que tu ne voyais rien, le sable était tout pertuisé par le dedans sous l'effort des femelles qui montaient du fond de la terre vers les mâles. Tu vois, cette terre noire dont le dessus ne bouge pas mais qui se tord dans son ombre comme la pâte de fer dans le feu. Voilà pour celles-là ; et c'est pareil pour d'autres, vertes comme des bourgeons de châtaigniers, pour d'autres qui sont bleues comme des lames de couteau avec un point noir sur la tête, pour des rousses comme la brique, pour des toutes rouges, pour des noires à points verts, pour des vertes à points noirs, pour des rondes et dorées comme de petits oignons secs, pour des longues comme des tuyaux de pipe, des dures, des molles, de celles sans regard qui aiment en dormant comme des sacs qu'on remplit, et de ces toutes frémissantes plus énervées que du vent et qui peuvent regarder tout autour d'elles avec leurs gros yeux de cristal. Ça va pour l'amour.

Il frappa de sa main le genou d'Antonio.

— A voir tout ce remue-ménage, tu te dis bien que ce n'est pas sans importance ; un air de joie, une bénédiction de la terre et du soleil qui fait jouir. C'est une maille, Antonio, c'est le premier maillon. De là le reste commence. Et encore je ne te fais pas toucher le centre amer de ces joies.

« Tu les regardes : ils font l'amour. La terre leur a déjà bourré la tête avec des odeurs et maintenant elle frappe avec de gros marteaux de joie sur la cuirasse de leur crâne. Tu les regardes : ils font un travail haletant, grave, pas très loin de la douleur. Tu sens très bien qu'ils ne savent pas. L'obéissance est l'obéissance.

« Et ça a commencé. Et tout doit suivre. Les ventres sont en fermentation. Une vapeur pareille à l'haleine des cuves fume sur le monde au ras des buissons et des arbres. Alors, maintenant, que veux-tu, je ne peux pas tout te dire et tu sens déjà que les fléaux de tes bras, s'ils frappent pour des choses comme ça, c'est qu'un autre que toi en tient le manche. Les combats à l'aiguillon, les œufs pondus sur la poitrine des paralysés, les charrois de viandes, les crânes de scarabées qui blanchissent au fond d'un trou à côté d'une larve repue, les corps de papillons sucés comme des fruits et que le vent emporte avec des balles de graines.

(Le Chant du Monde.)

Au sadisme puéril de l'imagination enfantine correspond plus tard, chez l'écrivain, une certaine cruauté.

... Je lui avais appris à jouer au bateau perdu. Il suffisait d'avoir un ruisseau et un morceau de bois. Le ruisseau, nous l'avions : c'était le petit rio des prés ; il était là tout seul avec sa pauvre eau sans écailles. Il se tordait entre les pierres et il fallait beaucoup cligner de l'œil pour voir, à la place du ruisselet, un grand fleuve du delà des mers.

Anne savait cligner de l'œil exactement comme moi et elle voyait le fleuve.

On prenait un morceau de bois bien flottable, une écorce de chêne-liège ou un lambeau de canne.

— Ils sont cinq là-dessus, je disais.

— Cinq ? demandait Anne en levant vers moi ses larges yeux de lait et de charbon.

— Oui, cinq : un gros avec la barbe, c'est le chef. Un petit avec des bottes, c'est celui qui a le revolver. Un maigre qui porte la guitare en bandoulière, le fidèle Mastalou, et la prisonnière.

— Qui est prisonnière ?

— Une petite fille ?

— Comment est elle ?

— Vive.

Je voulais dire qu'elle était toute vivante et ligotée dans des lianes pleines de feuilles et que les hommes l'emportaient.

Et l'on donnait le bois aux eaux du ruisseau, et la barque s'en allait dans le fleuve avec la guitare, le revolver, la barbe, le rire du nègre et le gémissement de la petite fille qui était trop serrée dans ses lianes.

Nous suivions pas à pas l'aventure.

Des fois, toute la compagnie filait dans l'huile penchée

d'un rapide ; d'autres fois, la barque plongeait dans une chute, ou bien elle s'enlisait à quelque plage de boue et elle restait là à trembler sans vigueur et sans allant.

Il était défendu de la toucher. On devait la regarder seulement et laisser faire le destin.

— Rien qu'une fois, disait Anne.

— Non.

— Ils vont mourir.

— Tant pis.

— Rien que du bout du doigt.

— Non.

Et je tirais Anne à toute vitesse vers le figuier. Nous restions là, sans rien dire, à regarder l'herbe courte d'hiver, tout transpercés par la vallée tortueuse d'un grand fleuve mystérieux.

— Qui sait où ils sont maintenant ? disait Anne.

— Tant pis pour eux.

Le destin a son travail tout tracé. Il s'est levé avant nous. Il a dit : je ferai ça, ça et ça. Et il le fait.

(Jean le Bleu.)

En voici un exemple discret, où le sacrifice de l'oie est associé au suicide du magnifique et tragique Langlois.

« Il m'a dit : « Donne ». J'y ai donné l'oie. Il l'a tenue par les pattes. Eh ! bien, il l'a regardée saigner dans la neige. Quand elle a eu saigné un moment, il me l'a rendue. Il m'a dit : « Tiens, la voilà. Et va-t'en. » Et je suis rentrée avec l'oie. Et je me suis dit : « Il veut sans doute que tu la plumes ». Alors, je me suis mise à la plumer. Quand elle a été plumée, j'ai regardé. Il était toujours au même endroit. Planté. Il regardait à ses pieds le sang de l'oie. J'y ai dit : « L'est plumée, monsieur Langlois ». Il ne m'a pas répondu et n'a pas bougé. Je me suis dit : « Il n'est pas sourd, il t'a entendue. Quand il la voudra, il viendra la chercher. » Et j'ai fait ma soupe. Est venu cinq heures. La nuit tombait. Je sors prendre du bois. Il était toujours là au même endroit. J'y ai de nouveau dit : « L'est plumée, monsieur Langlois, vous pouvez la prendre. » Il n'a pas bougé. Alors je suis rentrée chercher l'oie pour la lui porter mais, quand je suis sortie, il était parti. »

Eh bien, voilà ce qu'il dut faire. Il remonta chez lui et tint le coup jusqu'après la soupe. Il attendit que Saucisse ait pris son tricot d'attente et que Delphine ait posé ses

mains sur ses genoux. Il ouvrit, comme d'habitude, la boîte
à cigares et sortit pour fumer.

Seulement ce soir-là, il ne fumait pas un cigare : il fumait
une cartouche de dynamite. Ce que Delphine et Saucisse
regardèrent comme d'habitude, la petite braise, le petit fanal
de voiture, c'était le grésillement de la mèche.

Et il y eut, au fond du jardin, l'énorme éclaboussement d'or
qui éclaira la nuit pendant une seconde. C'était la tête de
Langlois qui prenait, enfin, les dimensions de l'univers.

Qui a dit : « *Un roi sans divertissement est un homme plein
de misère* » ?

(Un Roi sans divertissement.)

*L'amour, tel que Giono l'a toujours chanté, est bien autre
chose que le désir et la possession. Un jeune homme aime une
vieille femme malade, parce qu'elle est son plus beau souvenir
d'enfance.*

J'avais très bien compris qu'il était inutile de l'aimer pour
moi et que la seule chose utile à faire était de l'aimer pour
elle-même. Il fallait faire disparaître tout son appareil romantique qui m'embarrassait et sous lequel elle était condam-
née à pourrir vivante. Telle que je l'avais connue, elle devait
disparaître. Il ne s'agissait plus de la conduire à travers les
rues de Marseille ; il ne s'agissait plus de guetter le regard
furtif qui s'allumait dans son œil quand il était bien en face
de ce rond qu'elle avait tracé avec son doigt autour de mon
front et de mes yeux ; il ne s'agissait plus de l'aimer pour
son visage de porcelaine, son mystère, sa fuite et le serrement
de cœur qu'elle me donnait ; il ne s'agissait plus de l'aimer
pour ce qu'elle me donnait ; il s'agissait de l'aimer pour lui
donner. Il fallait la voir de façon très objective pour pouvoir,
précisément, faire exactement les choses indispensables à
son bonheur. C'était ça l'amour ? Que c'était difficile ! Une
fois — c'était des premières — je n'y pus tenir, je sortis
et je fis quelques pas ivres sur le trottoir. Je m'arrêtai devant
l'épicerie qui touchait notre porte et je regardai la vitrine
sans la voir. Mais, instinctivement je m'étais mis à respirer
profondément, et le monde se reconstitua autour de moi.
Il y avait dans la vitrine un éventail de cartes postales senti-
mentales : de beaux jeunes hommes et de belles jeunes filles
faits au tour et très tirés à quatre épingles, dans de très beaux

cœurs d'azur. Ils se tenaient les mains et se regardaient avec cet air profondément bête qui est l'extase pour les boniches. En quoi elles sont plus sensées d'ailleurs que les théologiens. Les deux amants magnifiques avaient une conversation essentielle à l'aide de banderoles ondulées qui leur sortaient de la bouche. « Je ne crois pas à votre amour » disait l'une. « Vous l'avez pourtant pour toujours », disait l'autre. « Toujours, pensai-je, quand un instant est si difficile ! » C'était à ce moment-là, dans la rue, un printemps plein de chiens. C'est le printemps des quartiers pauvres. Poursuites à travers les poubelles, pelotes de hurlements et de grondements en batailles, longs tirages de langues et piaffades devant les couples assujettis et penauds, aboiements cocardiers à la Victor Hugo vers des fenêtres où de vieilles filles tenaient prisonnières des chiennes, dont les bonds secouaient les vitres et dont les gémissements qui battaient la chamade engluaient les escaliers et les couloirs d'une huile plus attirante que la sueur des lis. « Allons », dis-je, et je rentrai. La toilette, cette fois, était finie, le linge propre mis et les jupes abaissées, même la hotte du linge sale avait été emportée dans la petite cour des cabinets. La femme de Montolivet se lavait les mains. Il n'y avait plus trace de rien. Telle qu'était grand-mère maintenant, elle était facilement aimable. On pouvait maintenant de nouveau se servir de banderoles appropriées à son âge et à son état, mais de banderoles tout de même. L'amour était ailleurs, dans cette cuvette que la femme de Montolivet vida dans un seau de toilette et que je me forçai à regarder.

(Mort d'un Personnage.)

Les cœurs simples sont souvent les plus riches d'amour :

La première fois qu'elle vit grand-mère, elle dit :
— Qu'elle est belle !
Elle venait une heure par jour. Elle n'avait à s'occuper que du lavage du linge, mais elle était toute tendresse et, son travail fini, elle restait souvent des heures à s'attendrir près de grand-mère. Je lui disais :
— Catherine, votre mari va s'impatienter.
— Quoi ? Pinot ? disait-elle. Oh ! non, il sait que j'aime.
Elle prenait les petites mains d'ivoire de grand-mère dans ses grosses mains rouges et elle les serrait sur la poitrine de son caraco gonflé de ses seins comme d'écuelles à soupe.

— Alors, disait-elle d'une voix pas très forte, mais si sonore que grand-mère l'entendait, alors grand-mère ?

Une interrogation comme ça qu'elle répétait : « Alors, alors, grand-mère ? », serrant les mains d'ivoire contre sa poitrine comme pour dire : « Alors, grand'mère, alors, qu'est-ce qu'il y a dans cette vieillesse ? Alors, grand-mère, alors, à quoi est-ce qu'on passe son temps ? »

Et grand mère, qui ne nous parlait que pour demander, lui répondait gentiment :

— Eh bien ! Catherine, vous voyez !

— Vous êtes bien ?

— Mieux qu'un président au diable !

— Vous êtes bien soignée, hé ? Le monsieur, y vous lave et y vous cajole comme une poupée.

— C'est mon petit-fils, Catherine.

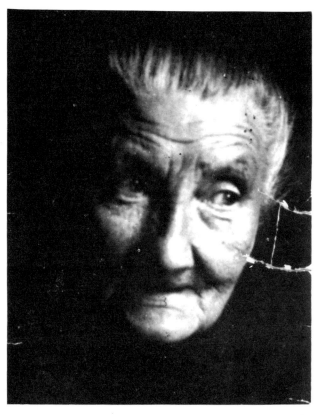

La mère de
Jean Giono.

— Bien sûr, grand-mère, que ça n'est pas un indifférent ? Un indifférent ferait pas tout ce qu'il fait. C'est un brave monsieur

— Oui, dit grand-mère.

Elle fit une moue très amère avec ses lèvres poilues.

— Approchez-vous, Catherine. J'ai besoin de caresses, dit-elle brusquement avec un sanglot sec.

— Oh ! *nonna*, dit Catherine.

Et elle frotta son beau visage gras sur le visage de grand-mère, cherchant son front, ses yeux, ses admirables cheveux gris, avec sa bouche épaisse :

— Oh ! *nonna*, des caresses ! Oh ! *nonna* !

Elle donnait d'épais baisers. Elle serrait grand-mère sur sa poitrine si fortement que je craignais qu'elle lui fasse mal. Mais, au contraire, bousculée par cette énorme tendresse et sous ces baisers de nourrice, grand-mère devenait belle et paisible, et, d'un mouvement d'enfant, elle frotta son nez contre les gros seins.

(Mort d'un Personnage.)

Giono parmi ses « amis de la montagne », chantre et apôtre de la vie pacifique et pure des champs :

Je n'ai plus voulu être autre chose que vous-mêmes. Inlassablement j'ai labouré sous les retours périodiques des saisons ? Je ne vous ai pas transformés en personnages dramatiques, je vous ai mélangés intimement à moi-même et j'ai essayé d'exprimer la tragédie commune. Mais à mesure que j'organisais pour moi cette vie sévère qui est la vôtre, j'étais plus librement admis à jouir d'une pureté et d'une richesse égales à celles des dieux. Ce dont vous étiez naturellement joyeux et bien portants, j'avais la gaucherie d'en suivre en moi-même les bienfaisants effets. Nous vivons en des temps d'impureté et de désespérance si grandes qu'on a cru parfois que nous avions atteint les temps d'absinthe marqués par les prophètes. Vous autres, séparés de ces temps par l'absence d'illogiques désirs, maîtres d'un travail qui suffit à entretenir l'admirable pauvreté, vous ne pouvez pas imaginer la misère morale des meilleurs d'entre nous, la misère physique d'un peuple soumis à des lois arbitraires. Il m'a semblé que vous désiriez porter secours. Votre paix, vous le savez, tous les hommes de bonne volonté peuvent l'avoir. Le manteau de votre pauvreté couvre les richesses du vrai paradis terrestre.

Les possibilités d'un être sensible se capitalisent en lui-même et lui appartiennent éternellement, pour tout le cycle de la roue. C'est pourquoi j'ai décrit les printemps, les étés, les automnes et les hivers, puis encore les saisons, et encore les saisons, et toujours, comme elles reviennent elles-mêmes en vérité dans le monde, ne cessant pas de répéter : « Prends prends, prends, c'est à toi » puisque les hommes sont devenus comme de petits enfants qui n'osent pas manger à la table de leur père. Et, à la fin, ils s'assoiront et mangeront.

Aujourd'hui, ami de toutes ces maisons chaudes que le gel fait fumer sous les bosquets de bouleaux, je ne m'arrêterai pas chez vous. Je passe sur la route sans le faire connaître. Je sais que si vous l'appreniez, vous m'en garderiez une petite rancune, mais je me suis imposé le devoir de parler de vos joies et il n'a jamais été si nécessaire de le faire. Je crois que votre genre de vie est le seul raisonnable ; je suis sûr qu'il peut sauver du désespoir tous ces hommes d'à présent, jeunes ou vieux, noircis de n'être rien, certains de n'être jamais rien (ceux que la philosophie de cette société construite sur la hiérarchie de l'argent a transformés en hommes mécaniques, incapables de sentir, capables seulement de produire sans discernement et inutilement pour tous — même pour le patron en fin de compte —) oui, je suis sûr que vous pouvez les sauver. Et c'est nécessaire que je parle vite encore une fois de vous car, ceux que vous et moi appelons « les gros intelligents » travaillent à vous décrire comme si vous étiez des brutes. Ils vous prétendent seulement animés de sentiments que les bêtes même n'ont pas, nous qui les connaissons. Et c'est tout simplement parce que devant les événements du monde, vous avez des réactions incompréhensibles pour ceux qui se considèrent divinisés par leur cervelle. Il faut vite encore une fois que je parle de vous, puis après, encore une fois, vite et vite parler de vous, toujours et toujours, comme j'ai fait pour les saisons et pour le monde ; pour les arbres, pour les bêtes, pour les oiseaux, les cerfs et les poissons, car vous faites partie de tout et c'est ce tout qui est le remède. Les drames savamment construits, je saurais peut-être aussi les construire. Mais mon rôle n'est pas d'être habile, c'est de donner appétit. Alors, mes amis, il faut que je me dépêche de rentrer car, voyez-les, ils dépérissent tous et n'ont pas faim. Le temps presse si nous voulons être utiles pendant ce moment où nous sommes vivants.

(Les Vraies Richesses.)

A l'opposé, la ville maudite : la capitale - Paris :

Suis-moi. Il n'y aura de bonheur pour toi, homme, que le jour où tu seras dans le soleil debout à côté de moi. Viens, dis la bonne nouvelle autour de toi. Viens, venez tous ; il n'y aura de bonheur pour vous que le jour où les grands arbres crèveront les rues, où le poids des lianes fera crouler l'obélisque et courbera la Tour Eiffel ; où devant les guichets du Louvre on n'entendra plus que le léger bruit des cosses mûres et des graines sauvages qui tombent ; le jour où des cavernes du métro, des sangliers éblouis sortiront en tremblant de la queue...

(Solitude de la Pitié.)

LE HUSSARD SUR LE TOIT :
éditions allemande, finlandaise, anglaise et suédoise.

Itinéraire établi par Giono. ▶

Les Omergues

Decouvre le
Cholera

• Carpentras

Banon

Couche a
Banon

Dencien

Le

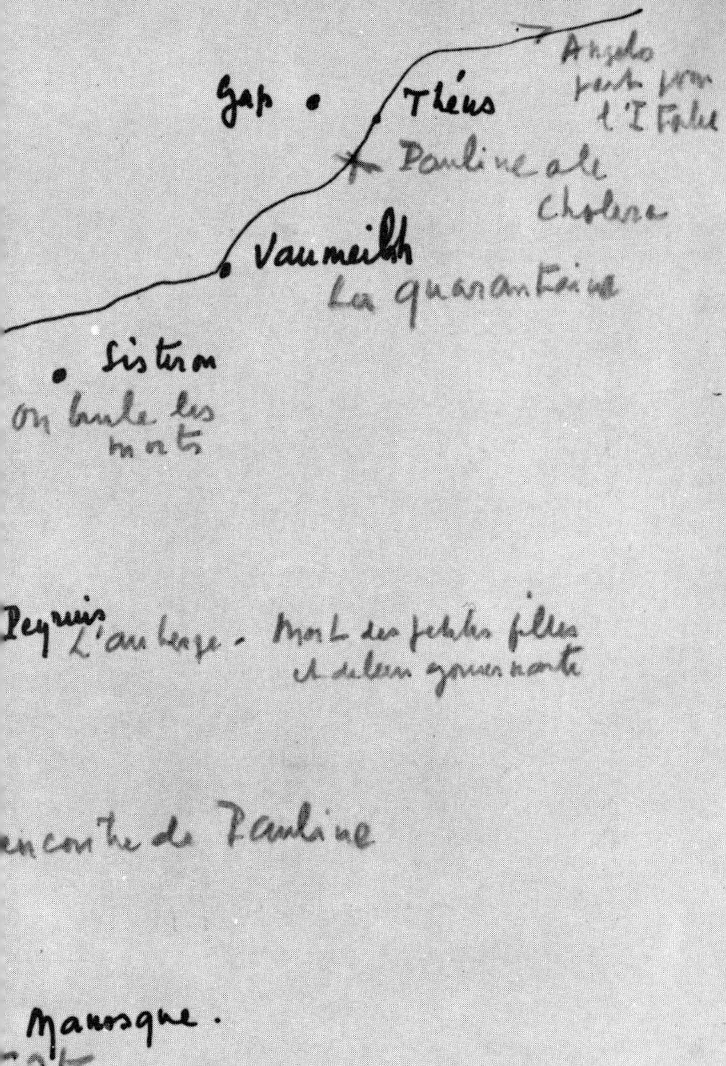

Gap • Théus

Angelo part pour l'Italie

✗ Pauline a le choléra

• Vaumeilh

La quarantaine

• Sisteron

On brûle les morts

Peyruis L'auberge – Mort des petites filles et de leur gouvernante

rencontre de Pauline

Manosque.

rôts

Mais, malgré la peste, la petite ville, Manosque aux toits écrasés de soleil, garde son charme :

La peau de tuiles de la ville commençait déjà d'exhaler un air sirupeux. Des viscosités de chaleur accrochées à toutes les arêtes noyaient les formes dans des toisons irisées de fils de la vierge. Le grincement incessant de milliers d'hirondelles fouettait l'immobilité torride d'une grêle de poivre. D'épaisses colonnes de mouches fumaient comme de la poussière de charbon de la crevasse des rues. Leur bourdon continu établissait une sorte de désert sonore.

Le jour, cependant, plaçait les choses avec plus d'exactitude que la nuit. Les détails, visibles, ordonnaient une réalité différente. La rotonde de l'église était octogonale et ressemblait à une grande tente dressée sur du sable roux. Elle était entourée d'arcs-boutants sur lesquels les vieilles pluies avaient peint de longues traînées vertes. Le ressac des toitures s'était aplati sous l'uniforme lumière blanche ; à peine si un léger filetage d'ombre indiquait les différences de niveau d'un toit à l'autre. Ce qui, au sein de la nuit, paraissait être des tours, était simplement des maisons plus hautes que les autres, dont cinq ou six mètres de murs sans lucarnes ni fenêtres dépassaient le niveau des autres toits. A part le clocher à la cage de fer qui, un peu à gauche, dressait un corps carré à trois étages percé d'arches, il y avait encore, là-bas au large, un autre clocher plus petit à toit plat, surmonté d'une pique et, à l'autre bout de la ville, une construction éminente chapeautée d'un énorme bulbe en ferronnerie. Malgré leur aplatissement sous la lumière, les toits jouaient autour des faîtages, des chéneaux, des génoises, des lisières de rues, de cours intérieures, de jardins qui soufflaient l'écume grise de feuillages pleins de poussières, déclenchaient des marches, des paliers et des ressauts contre de petites murettes de pierre d'un blanc éblouissant ou autour de certains pignons qui haussaient des triangles. Mais la boursouflure et le pianotement de toute cette marqueterie décollée, au lieu d'être solidement indiqués par des ombres, ne l'étaient que par des variations infinies de blancs et de gris aveuglants.

La galerie où se tenait Angélo était tournée vers le nord. Il voyait devant lui, d'abord l'entremêlement de milliers d'éventails de rangées de tuiles rondes ouverts de tous les côtés, puis l'étendue des toitures aux formes imprécises, diluées dans la chaleur ; enfin, contenant la ville comme dans un bol de terre grise, le cercle des collines râpées de soleil.   *(Le Hussard sur le toit.)*

Giono conteur : le don de l'observation... et le charme. La servante de l'auberge raconte ses souvenirs, au temps des diligences.

Mais alors, comme brouhaha là-dedans, qu'est-ce qu'il y avait ! A cinq heures du matin tu avais d'abord le courrier de Lus, le courrier de Baurrière, le petit courrier de Valence, la voiture de Die : tout ça qui partait. Tu étais levée depuis quatre heures, tu avais bu ton café, tu avais monté les eaux chaudes pour les barbes, fait les bottes et brossé les houppelandes. Tu avais même eu le temps de prendre un air de feu à la cuisine, à moins qu'il y ait des dames dans le lot. Ce qui arrivait rarement l'hiver. Du temps que ces messieurs se raclaient la couenne, tu avais un peu la paix. C'était toujours nuit noire : attelages d'ici, attelages de là ; et lanterne, et je te crie pour mes colis et pour mes paquets, et je te fais un ramage du diable dans mes harnais qui sont gelés. Surtout le postillon de Baurrière, un petit maigre, roux et pète-sec comme une étincelle de briquet qui tapait d'ici et rebondissait de là. Tous les matins, qu'il pleuve, qu'il vente, que ça aille bien ou mal, il fallait qu'il se fasse entendre. On ne l'écoutait pas. On ne lui répondait pas, on le laissait se dépêtrer avec son empêtrement qui, neuf fois sur dix, n'existait pas d'ailleurs et, cinq heures pétant, il était toujours sur son siège, tout arrangé, tout seul. Il y avait celui de Die, un gros qui tout le temps répétait : « Voyons voir ». Celui de Lus avait changé trois fois parce que c'était très pénible de remonter le col de Grimone en plein hiver avec la neige et les bourrasques. Ils lâchaient plus vite que le mauvais temps. Cette route-là faisait une grosse consommation de postillons. Du temps que je vous parle c'était un grand, lent, presque muet, mais, faites-moi penser de vous en reparler. Après ça, naturellement, tes clients descendaient, tu les faisais déjeuner. C'était généralement vite fait. Le matin froid, ils n'avaient pas bonne bouche. Généralement ils buvaient la goutte et puis, bon voyage. Tu n'avais pas encore tourné les talons qu'à six heures tu entendais corner l'arrivée de la grande voiture de Valence. Alors, là, c'était le grand branle-bas. Normalement tu devais avoir ton tablier blanc et ton bonnet, et tirée à quatre épingles. « Et : oui Monsieur, et : oui Madame » et les belles manières qui, généralement étaient comme du lard à du cochon parce que ceux ou celles à qui elles s'adressaient venaient de passer cinq heures à se faire transbahuter dans la nuit glacée ; sur des routes impossibles où chaque nuit

*J'ai fait mon premier voyage en 1905 dans cette
voiture. Elle faisait le courrier entre Valensole et Manosque.*

il y avait des histoires : chevaux les quatre fers en l'air, roues
cassées, sans parler de ces valses sur le verglas où les femmes
— quand il y en avait — y perdaient leurs faux cheveux
et leurs faux-culs. Il fallait les voir arriver chez nous. C'était
un spectacle. Ils se battaient pour aller se fourrer dans la
cheminée. Pas devant : dedans ! Et je te tisonne, et je te mets
des bûches, et je m'enlève les souliers, et je me frotte les pieds,
et je me les flanque dans le feu à me roussir les bas, et je me
mouche, et je crache. Et puis, alors là, ça commence : « Petite,
Mademoiselle, Fillette, Fille, Madame, eh ! là, venez ici :
du punch, du kirsch, du café, une bouillotte, courez, vite,
dépêchez-vous. » Tu aurais eu cent bras, tu les occupais tous.
Dès qu'ils étaient réchauffés et qu'ils avaient bu, ils avaient
faim. Mais faim comme si jamais de leur vie ils n'avaient
mangé. Alors les tables, et les nappes, et les couteaux, et les
fourchettes, les verres, les assiettes : tout ça volait et frappait,
et sonnait, et tintait et te faisait un bruit à te partager la tête.
Et des œufs, et du jambon, et de la soupe, et du lard frit,
et des omelettes. C'était une danse !

(Les Ames fortes.)

173

C'était une vieillarde altière, sèche, aux reins droits. Elle avait le nez long, légèrement serpentin, des mammifères fouisseurs. Il n'y avait jamais un centimètre de graisse dans sa peau qui depuis toujours était exactement collée autour de ses os et de ses muscles, si étroitement qu'à chaque geste elle craquait comme de la soie. D'ailleurs, la sœur de mon père était toujours vêtue de soie noire. De soie noire et de bijoux d'or. Vêtue de bijoux d'or, car c'était des bijoux larges comme des plaques de cuirasse ; je sais maintenant qu'un de mes cousins les lui fabriquait spécialement à son usage en martelant plusieurs bijoux naturels ensemble. L'important était la surface d'or, cependant dans chacun d'eux on distinguait vaguement une forme. Il y en avait un en particulier qui avait celle d'un oiseau. Il s'appuyait avec des pattes presque véritables sur ce qui dans tout personnage naturel s'appelle le creux de l'estomac. Chez la sœur de mon père, cet endroit-là était plat et dur comme un palier de machine. L'oiseau martelé s'y appuyait malgré tout avec ces sortes de griffes, où sous l'or, on voyait un peu rosir du cuivre, et cela lui suffisait pour qu'il s'éploie en un élan qui le faisait s'élancer de chaque côté de la poitrine vers les endroits où les femmes naturelles, même vieilles, ont des seins ou des traces ; j'aimais beaucoup cet oiseau. C'était en réalité de simples plaques de métal où se voyaient encore les impacts bruts des coups de marteau. Il fallait tout inventer pour y voir l'oiseau ; mais alors on le voyait beaucoup plus beau que tous les oiseaux véritables et beaucoup plus beau que tous les oiseaux imités. Naturellement, ce bijou était extraordinairement lourd. Il était agrafé dans cette soie noire, impalpable, dont toujours la sœur de mon père était vêtue, et, en raison même de sa lourdeur et de la nature flottante dans laquelle il était fixé, il battait contre les os de la poitrine de ma tante. Alors, elle le tenait en appliquant sur lui sa main de squelette, large ouverte ; et, dans ces moments-là — qui se répétaient cent fois par jour —, elle avait tout d'un coup en dehors de sa vie l'œil inquiet et naïf et le cou étrangement mobile d'un énorme oiseau aux toutes petites ailes d'or mal réussies. Elle avait encore un bracelet. Celui-là lui venait de son ancienne splendeur. C'était un bracelet de femme, large et léger. Beaucoup trop grand pour son bras et sa main. Elle le perdait à chaque geste. Mais à chaque geste elle le rattrapait avec beaucoup d'habileté et une grande peur. L'habileté et la peur étaient instinctives. Elle pouvait en même temps parler durement, agir durement, le bracelet glissait, elle le rattrapait habilement avec une extraordinaire peur de le perdre. On entendait la peur au claquement sec de ses doigts rattrapant le bijou ; on la voyait à un battement de ses paupières. Cela arrivait plus de mille fois dans un jour. Il lui restait malgré tout le temps de commander férocement sa famille, ses ouvriers, ses chantiers, ses enfants et ses alliés. Et moi-même plus tard. Nous savions tous qu'elle avait peur de perdre ainsi le seul objet important de sa vie, le plus beau reste d'une étrange et constante passion ancienne. Nous savions aussi qu'elle était trop fière pour avoir l'air d'y attacher devant quiconque la plus petite importance, sauf devant elle-même. Mais cela la regardait, et ça ne regardait qu'elle. C'est ce qu'elle voulait dire, et elle le disait parfaitement. C'était un bracelet léger fait d'admirables cols de cygnes et de torsades de primevères ajourées. Tout tenait ensemble par de minces maillons usés, roses ; de même qu'étaient devenues roses les rondes bosses des cols de cygnes, et les arêtes des fleurs de primevères. L'agrafe était une énorme fleur baroque, peinte avec quatre améthystes en larmes appointées en croix autour d'une améthyste ronde. Une sorte de deuil glorieux brillait d'une lumière triomphante dans les cinq pierres. Elle avait aussi une bague en fer, une sorte d'alliance monstrueuse. On se demandait avec quoi cette bague l'avait alliée, et on le savait tout de suite. Sans détail. Ce devait être à quelque succulence énorme et bleue. Le doigt racontait le reste de l'histoire. Par sa vieillesse, sa maigreur et la mort qui déjà le séchait, il s'était entièrement libéré de l'étreinte de la bague. Si bien libéré qu'il restait toujours un peu replié sur elle pour ne pas la perdre. Pour ne plus jamais la perdre.

(L'eau vive — Le poète de la famille.)

Quand Giono — le Giono « actuel » — n'aime pas ses personnages : l'humour noir. Deux sœurs se disputent au chevet de leur mère mourante, dans l'espoir d'être favorisés par le testament.

Ma mère a eu son attaque le vingt-trois août. Le vingt-quatre au matin ma sœur était là. Je lui ai dit : « Qu'est-ce que tu viens faire ? — Voir ma mère — Eh ! bien regarde-la.

Et si je dis regarde-la — j'ai ajouté — cela ne veut pas dire : regarde l'armoire ou la commode. Il vaut beaucoup mieux que tu ne les regardes pas : ni le lit, ni la table, ni les chaises, ni tout ce qu'il y a ici dedans. » Elle m'a dit : « Pourquoi ? — Parce que ces choses-là sont à moi. Et ce n'est pas la peine que tu en prennes envie. » Elle m'a répondu : « Nous verrons. J'ai autant de droits que toi. — Autant de droits que moi ? Et de quel droit ? » Elle m'a dit : « Et tu ne me mettras pas le pied dessus, je te préviens ». Je suis allée à ma mère et j'ai appelé : « Mère ! » Comme si tu parlais à une souche. J'ai crié : « Mère ! » Enfin, un signe : pas grand-chose. Le médecin m'avait dit : « A peine si elle a la force de relever ses paupières». Eh bien ! j'ai pensé, nous allons voir. Je lui ai relevé les paupières moi-même, avec le doigt, je lui ai demandé : « Tu me vois ? » Elle n'a pas bougé. Attends ! Je lui ai dit : « Marie est arrivée ». Alors elle a dit : « Ma belle ! ». Mais sur la tête de mes enfants, c'est moi qu'elle regardait. Je tenais sa paupière relevée avec mes doigts. Réfléchissez, si ç'avait été ma sœur qu'elle regarde, je l'avais belle de rabaisser sa paupière et de couvrir son œil. Non. Comme je suis là vivante, je vous le dis : c'est moi qu'elle regardait. D'abord, depuis que j'avais relevé sa paupière son œil était resté fixe. Vous croyez que ça a suffi ? Marie me dit : « Je ne la quitte plus. Je reste ici. Je la soigne ». Je réponds : « Moi aussi je reste ici, je la soigne et je ne la quitte plus ». Elle prend une chaise, elle s'assoit à la tête du lit. Je prends une chaise, je m'assois au pied. Je lui dis : « Tu te crois maline ? Tu me fais rire ! Tu as pris la plus mauvaise place. Elle ne peut pas bouger sa tête. Si elle a encore la force de relever sa paupière, c'est moi qu'elle verra ». Et nous restons là. Midi, une heure, deux heures, trois heures. Si tu crois que je vais céder.

(Les Ames fortes.)

A coté des « vies banales », et les dominant, d'étranges personnages et d'étranges passions continuent d'être le centre des préoccupations romanesques de Giono. C'est l'une d'elles que suscite le richissime et cruel amputé « Empereur Jules ».

Un de ses capitaines au long cours lui fit cadeau, au retour d'un voyage, d'un matelot fuégien. C'était une brute géante de plus de deux mètres de haut.

Un des tourments les plus aigus d'Empereur Jules était de bien savoir qu'il ressemblait à une lourde araignée quand deux hommes le transportaient en le prenant sous les bras. Il y avait peut-être là le secret de ses cruautés et par conséquent de ses victoires.

Le sauvage tomba en arrêt pendant plusieurs jours devant ce fragment d'homme. On aurait du voir qu'il se prenait peu à peu de passion pour lui. Enfin, une fois qu'on emportait l'infirme de la façon habituelle, il s'en saisit malgré les cris, les imprécations et même les coups de poings. D'une ou deux volées de mornifles il épouvanta les comptables et les employés de bureaux et, ayant fait le vide autour de lui, il se mit à examiner soigneusement Empereur Jules qui avait roulé sur le tapis et essayait convulsivement de se relever sur ses moignons et de se traîner comme un crapaud. Avec une très grande tendresse, quoique d'une façon assez primitive, cet homme simple saisit Empereur Jules par la peau du cou, puis il se le campa sur le bras et il l'emporta triomphalement comme on emporte un bébé. Les employés, terrifiés de la lâcheté qui risquait de leur coûter leur gagne-pain, voulurent s'élancer sur lui, mais Empereur Jules, à qui le rose commençait à revenir aux joues, les arrêta.

Ce mode de locomotion, qui avait pour Empereur Jules la douceur d'être de nouveau à hauteur d'homme, eut, pour l'avenir de la maison Empereur, des conséquences incalculables.

Quand on en était encore à la période de ce transport entre deux valets dont l'obséquiosité même était insolente, Empereur Jules, par certains beaux matins, se faisait voiturer dans la brouette du jardinier jusqu'à un endroit de la pelouse de la Résidence où il y avait foison de pâquerettes. On connaissait alors ses ordres qui, au début, avaient soulevé de timides protestations. On déchargeait Empereur Jules carrément dans le pré. Il fallait ensuite se retirer le plus rapidement possible. Empereur Jules s'assurait soigneusement de sa solitude, puis il commençait à se traîner lentement dans l'herbe. Il se tirait de place en place en se cramponnant à pleines mains. Souvent, il basculait et tombait, le visage en avant, dans les fleurs et le foin. Au bout d'un petit moment, quand il avait ainsi gagné le large du pré, il s'ébattait avec la plus grande liberté, se roulant sur le dos comme un chien, agitant ses moignons de cuisses et ses longs bras, haussant parfois au ras de l'herbe ce visage glabre et froid dont la cruauté épouvantait Marseille. Depuis que les soubresauts de ce monstrueux battracien avaient donné des convulsions hystériques à une pauvre femme de journée qui l'avait aperçu en traversant le parc, tout le temps que duraient ces ébats le valet de chambre, le jardinier, la cuisinière et la vieille nourrice, tous datant du temps de M. Maxime, montaient la garde autour de la pelouse.

Portant ce débris d'homme au bras, le sauvage était fou d'amour et d'orgueil. Les richesses de la Résidence, la luxuriance du parc et sa splendeur verte, la soumission et jusqu'à un certain point la tendresse des cinq ou six domestiques, en tout cas leur attachement à un ordre de choses établi, donnèrent au Fuégien l'idée que ce qu'il portait ainsi avec amour était au surplus un dieu très puissant. Il apprit très vite suffisamment de français pour comprendre les ordres qu'on lui donnait, tant il lui était voluptueux d'obéir. Il se fit, avec des lanières de l'écurie, une sorte de harnais avec lequel il assurait solidement à son bras l'assiette de l'idole ; avec cet appareil, il pouvait le transporter n'importe où, sans limite de temps ni de distance. Il avait des jambes énormes et des pieds formidables ; le reste de son corps avait la rondeur et la solidité d'une colonne corinthienne, à quelle ressemblance ajoutaient encore ses monstrueux cheveux noirs, non pas frisés, mais en feuilles d'acanthe. A son bras, Empereur Jules était alors comme un dieu se promenant avec un morceau de son temple.

Maintenant qu'il avait à sa disposition cette façon miraculeuse de se déplacer, Empereur Jules allait de moins en moins en ville à ses bureaux. Il avait recommencé à parcourir son parc. Les parties de pelouses et de pâquerettes étaient également plus nombreuses. Elles avaient lieu maintenant tous les matins de beau temps. Le sauvage portait son idole jusqu'au milieu de l'herbe et il le déposait par terre. Il faisait ensuite en courant une ronde rapide sous les cèdres pour chasser les importuns. Les vieux domestiques qui continuaient à monter la garde étaient obligés de se cacher. Puis le sauvage revenait se coucher à côté d'Empereur Jules et ils se vautraient de compagnie.

(Noé.)

Le destin pèse plus fort sur les passionnés des derniers livres :
Angelo, fils de l'enfant naturel de Pauline de Théus, porte
le même nom que le bien-aimé de jadis. C'est celui-ci, et non
le petit-fils, que la vieille femme, ombre déjà morte à la vie,
cherche et invoque dans la nuit avec un accent qui semble celui
du destin.

— Attention, dit la voix très basse de Caille près de mon
oreille. Est-ce que vous dormez ? (J'appuyai fortement ma
joue contre sa main pour lui faire comprendre que non.)
Votre grand-mère est arrêtée devant votre porte. Je l'ai
entendue venir, quoiqu'elle n'ait pas fait plus de bruit
qu'une plume. Je sais ce qu'elle va faire. Elle va ouvrir.
Elle va appeler. Vous allez croire que c'est vous, mais ne
répondez pas. Vous lui feriez trop de peine quand elle verrait
que ce n'est que vous. Ne répondez pas, petit garçon, ajouta-
t-elle dans un souffle presque imperceptible ; ceci ne vous
concerne pas.

La porte s'ouvrit et, d'une voix très basse aussi, ma grand-
mère appela :

— Angelo !

Ces deux voix : celle qui m'avait prévenu et celle qui
avait appelé, étaient si basses qu'elles semblaient venir
toutes deux du fond de cet univers d'étoiles qui emplissait
ma fenêtre. Mais il y avait tant d'angoisse dans la seconde
que, sans l'injonction de la première, j'aurais spontanément
répondu de tout mon cœur par un grand cri d'amour. Mais,
silence. Et la porte se referma.

Si elle n'avait pas été également de chair — les fantômes
sont des fantômes —, on aurait d'instinct relégué ma grand-
mère, malgré tout notre amour pour elle (et le mien si brusquement passionné), dans les endroits de fantômes, c'est-à-
dire dans des endroits dont on ne s'occupe que par surcroît.
La première occupation des vivants, même pour un petit
garçon de huit ans, c'est vivre. Mais ma grand-mère était
corporelle et elle occupait terriblement les vivants. D'une
manière terriblement suave. Cette absence de regard ne
veut pas dire qu'elle n'avait pas de couleur aux yeux. Au
contraire, elle avait des yeux immenses, avec une très belle
couleur. Des yeux vitreux n'auraient pas été surprenants
dans notre entrepôt d'aveugles. Cette couleur d'œil radieuse,
un vert goudron tout fileté d'or, se posait sur vous. Ce n'était

pas une absence physique qui étonnait dans ces yeux ; c'était une absence d'âme ; et ceci même n'est pas exact. Ces yeux avaient une âme très belle, très séduisante, très attirante, mais toujours occupée d'autre chose que de ce sur quoi l'œil posait son regard ; elle était aussi définitivement séparée de vous que l'âme d'un porphyre ou d'un onyx.

(Mort d'un Personnage.)

Mais toujours c'est la vie quotidienne — ici un simple voyage de Manosque à Marseille — qui demeure la première source de mille rêves et aventures.

Les maisons, qu'on voit très bien maintenant (on défile à toute vitesse au ras des perrons), ont des façades admirables ; quelques-unes ont encore leur crépi d'époque avec un granité que l'air salin n'a pas pu entamer. Toutes révèlent, dans leurs proportions, un soin exquis, une sollicitude, un goût très rare au service de qui sait quelles amours !

Nouvelles nuits arabes. Haroum al Raschid armateur. Il arrivait de la ville à la nuit, se hâtant vers ses féeriques réalités, et les biches qui reconnaissaient l'odeur de son suint de gros brun barbu venaient chevroter sur ses pas. Au matin, Madame faisait installer sur la terrasse le trépied de la longue vue et elle guettait sur la mer la flotte de son seigneur et maître.

Mon père fit un des premiers voyages. On avait déserté toutes les maisons que les locomotives couvraient de fumées et de bruit. Il me dit que tout ce monde était parti si vite qu'on en avait oublié les domestiques et qu'on voyait errer dans des tronçons de parc des valets de chambre à gilets rayés, éperdus comme des mineurs remontés trop vite au grand jour, et des femmes de chambre sans tablier, semblables — en robe noire — à des charitones d'orphelinat. Ce sont ces valets de chambre et ces femmes de chambre que je me suis contenté de mettre sous les yeux du petit Angelo II.

De ce temps, nous dévalons à toute allure à travers les parcs, les éventrant de tranchées, les surplombant de ponts de fer qui grondent le tonnerre, et nous cornons éperdument de notre cor à deux tons. Il n'y a plus ni valets, ni femmes de chambre. Des valets que je vois rose tendre, je ne sais pourquoi : peut-être à cause du vert sombre des taillis de lauriers et de fusains dans lesquels mon père m'a dit que ces valets se promenaient comme des flamants roses. Et les

180

arbres à travers lesquels nous passons, comme un obus qui glisse et ricoche dans l'herbe d'on ne sait quelle monstrueuse contrescarpe, je les vois antédiluviens ; vraiment de très *grand format* dans toutes les directions ; dans l'étrange et dans le colossal. Cela provient peut-être de ce véhicule qui m'approche et m'arrache d'eux dans le même instant, suivant les courbes de la voie qu'il suit à toute vitesse et peut-être aussi de ce que la fenêtre par laquelle je regarde ne me permet pas de les mettre à leur place dans la création ordinaire et de les mesurer avec les collines, les maisons ou la mer. Car je vois brusquement contre mon visage une sorte d'énorme camélia vert tendre qui souffle comme un chat surpris, et c'est le cœur d'un gros hêtre contre lequel nous venons de passer. Ce hérissement de fers bourgeonneux et tordus, ces plaques de tôles déchirées, ces volutes entrelacées, ces agaves noirs, profonds comme des bols à bijoux qui contiennent des nids d'oursins et des fenaisons d'algues, c'est (je m'en aperçois en me penchant à la portière et en regardant derrière nous) un bosquet de très gros marronniers. A chaque instant, je suis jeté contre une sorte de cristallisation minérale, en vert, avec le jeu des prismes et des lumières dans une inhumaine froideur tellurique, comme si je me promenais dans les vastes espaces moléculaires d'un porphyre. Tel feuillage d'orme contre lequel je glisse à toute vitesse écarte contre moi d'un seul coup, les grumeaux d'un lait mordoré qui est peut-être le feuillage intérieur d'un silex chuintant sous les vents d'un pôle particulier et que, par exception maintenant, je vois et j'entends avec une sorte de microscope, avec également un micro-téléphone qui m'apporte, dans le tumulte des bruits humains multipliés, le crachement de chat surpris du vent d'un monde à mille dimensions.

Nous continuons à corner éperdument du cor : nous penchons vers des prés qui courent sous de petits vergers, tombent au delà vers une énorme masse amorphe et grisâtre couverte de pustules fumantes, de crêtes de coqs, de cicatrices ; dans laquelle on ne comprend pas qu'il puisse y avoir une sorte de vie quelconque ; et cependant on la voit qui joue avec la mer, se servant de petites palpes autour desquelles l'eau bouillonne. Car nous approchons de Marseille, et nous nous redressons pour glisser en droite ligne, puis, nous nous penchons de l'autre côté et le vent de l'intérieur des pierres nous crache à la figure chaque fois que nous frôlons les feuillages d'un arbre. Et de nouveau nous voilà penchés vers les prés moins verts portant quelques cabanes de bois. On dirait qu'au delà il se met un peu d'ordre dans cette masse de chairs grises qui joue avec la mer. Non pas qu'elle prenne, comme on dit, *figure humaine*, mais on peut presque mettre un nom sur certaines choses qui seraient, par exemple, des bras ou des tentacules, et d'autres choses qui sont comme des ventres, des cornemuses, des poches à sépia de calmar. Et l'on commence même à voir une chose qui a un nom connu, et qui s'appelle l'étendue des toits de Marseille qu'on surplombe de cent mètres de haut et au-dessus de laquelle on tourne. Mais à peine si l'on a le temps de voir la fumée qui suinte des joints de cette carapace ; à peine si l'on a le temps d'entendre une bouffée de sons dans lesquels sont mélangés les borborygmes de tous les ventres, le piaulement des cornemuses, le bruit de tambour des poches à sépia qui se contractent pour lancer des jets de fumée, et le grondement souple que fait un sang d'autos, de camions, de tramways coulant le long des tentacules, qu'on plonge de nouveau dans des feuillages, que nous essuyons nos visages dans les arbres.

Qui est-ce ? Astolphe, Ogier, Brandimart, ou peut-être Roland lui-même, qui cache son visage dans l'herbe fraîche avant d'aborder le dragon ?

A peine s'il se passe trente secondes pendant lesquelles nous ne cessons de sonner du cor miraculeux, et voilà qu'apparaissent et nous entourent des couvents, des chapelles, des églises, des orphelinats, des patronages, des sortes d'ermitages construits jadis pour le désert, et qui vont maintenant le long de rues à moitié champêtres, bras dessus, bras dessous avec des bars-tabac, épiceries, bals musette, tonnelles et banquets. Tout ceci doit être extrêmement sérieux car voici que nous ralentissons. Nous passons au pas d'une chamelle de prophète devant une église dédiée à saint Barthélemy. La voie est sous nous comme une laine douce, à part les rails qui, de minute en minute, donnent de grands coups de marteau dans nos roues. Et nous nous arrêtons à des disques d'entrée. En bas devant, une dizaine de petits bonshommes noirs s'affairent autour d'une grosse boîte noire, d'où ils tirent des caisses noires et des objets noirs ; ils sont dans le rayonnement à plat d'un immense soleil noir. C'est la gare de Marseille. Nous sommes arrivés.

(Noé.)

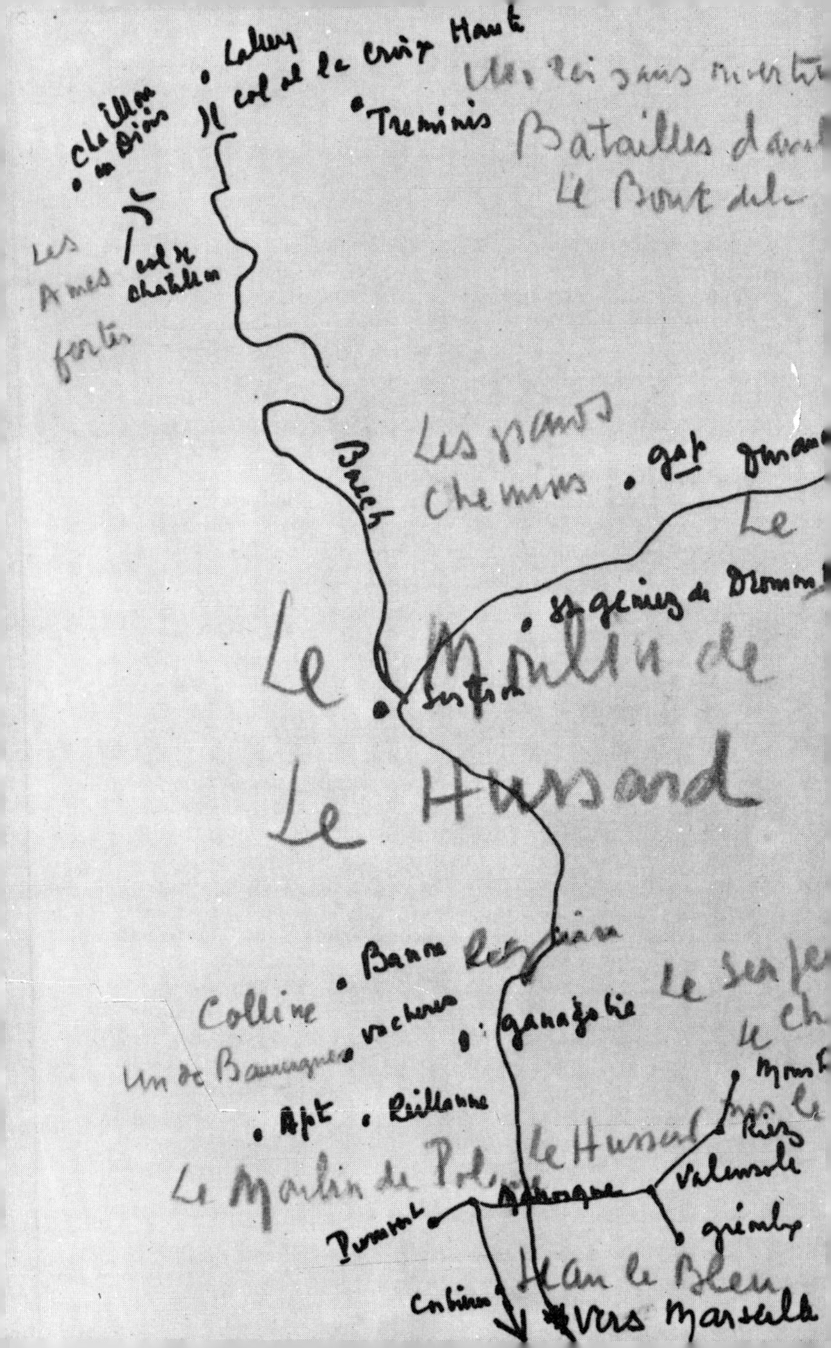

Tréminis
Batailles dans
Les Ames fortes
Buech
Les grands Chemins
Le Moulin de
Le Hussard
Sisteron
Colline
Un de Baumugnes
Apt
Reillanne
Le Hussard
Le Moulin de Pologne
Manosque
Riez
Valensole
Gréoux
Jean le Bleu
vers Marseille

Italie

montagne

le Hussard

Briançon → vers Turin etc

voyage en

le Poids du Ciel Italie

les Vraies Richesses

que ma joie demeure

ologne

d'étoiles

paul Tronceau
Présentation de PAN   monsieur Personnage

Noël — Naissance de l'Dysseu

Quelques jugements

Thierry Maulnier :

« Il y a chez M. Jean Giono, dans ses meilleurs moments, une alliance de l'extrême précision dans le vocabulaire et du lyrisme, la souplesse d'un langage enrichi par le patois local et par l'admirable vocabulaire des métiers au point de recréer pour le lecteur les sensations les plus subtiles, les plus fugaces, avec une extraordinaire et voluptueuse exactitude, un sentiment de la dignité des choses et des êtres naturels, qui méritent notre admiration. Seule, Mme Colette a pu traduire avec une acuité semblable, une pureté et une sobriété supérieures, les mille merveilles que les arbres, les champs, les routes et leur lumière, les nobles maisons villageoises et les métiers, dont les règles ont à peine varié depuis le commencement du monde, offrent à l'œil, à l'oreille, à l'odorat, au toucher de celui qui est digne de leur mystère. Mais il y a chez M. Giono ce qu'on ne trouve pas chez Mme Colette, ce que parmi les contemporains notre auteur partage seulement avec Ramuz, une aptitude à éprouver et à traduire la silencieuse épopée *dithonienne*, un sentiment *panique* de la vie universelle, qui n'ont pas beaucoup d'analogues dans les lettres françaises, même à l'époque romantique (sauf, jusqu'à un certain point, chez Hugo). Ce sentiment trouve dans *Les Larmes de Byblis*, par exemple, une expression un peu trop apprêtée, et en quelque sorte alexandrine. Mais il est partout dans l'œuvre de M. Jean Giono et elle lui doit sans doute son caractère le plus remarquable et une bonne part de son succès. M. Giono est de ces rares artistes pour qui le grand Pan n'est pas mort, et n'est pas près de mourir.

C'est ainsi que dans les livres de M. Jean Giono se mêlent d'une façon presque inextricable l'excellent et le pire, une expression de la nature admirablement précise et sensuelle et les épanchements d'un sentimentalisme en même temps archaïsant et humanitaire, une appréhension poétique saisissante des plus augustes mystères naturels et un bavardage philosophique digne d'un professeur de naturisme à l'usage des cours du soir. »

(*L'Action française*, 29 juillet 1943.)

Malraux :

« Pour moi les trois meilleurs écrivains de cette génération sont Montherlant, Giono et Bernanos... [Pour Giono] j'ai commencé par *Le Serpent d'Étoiles* et j'ai trouvé ça pas mal ; ensuite *Colline*

L'une des dernières photos

et *Jean le Bleu* qui sont vraiment de beaux livres. *Que ma Joie demeure*, c'est déjà beaucoup plus compliqué. *Batailles dans la Montagne*, je n'ai pas pu en lire plus de cent pages. Son théâtre est bon. J'ai lu avec plaisir *Le Bout de la Route.* »

(Propos recueillis par Roger Stéphane, 1945.)

« Je suis frappé de ceci : les quatre écrivains français dont l'œuvre est en entier postérieure à 1916 et qui ont à l'étranger l'audience la plus étendue : Bernanos, Giono, Montherlant et moi-même, sont liés tous quatre à ce qu'on peut appeler la tradition héroïque de la France, sa tradition cornélienne. »

(Propos recueillis dans *Preuves*, 1955.)

Herbert Read :

« Si nous jetons un regard en arrière vers les dix années qui ont précédé la guerre, vers ces années de course à l'abîme, les personnages les plus significatifs de la scène littéraire française ne sont pas Gide et Valéry, ou aucun candidat aux lauriers de l'Académie. Mais bien Giono, l'anarchiste-paysan, Bernanos, le chrétien intégral, et Breton, le surréaliste. Voilà les personnages significatifs, positifs, créateurs parce que destructeurs ; profondément moraux dans leur révolte contre les valeurs contemporaines. »

Politics of the Unpolitical (1946).

Henry Miller :

« De l'œuvre de Giono, quiconque possède une dose suffisante de vitalité et de sensibilité reconnaît tout de suite *Le Chant du Monde*. Pour moi, ce chant dont il nous donne avec chaque nouveau livre des variations sans fin, est bien plus précieux, plus émouvant, plus poétique, que le « Cantique des Cantiques ».

The books in my life (1951).

Marcel Arland :

« D'un livre à l'autre, Giono compose la fable du monde. Juché sur son massif de Manosque, comme Hugo sur le roc de Jersey, il écoute les voix du large et des profondeurs. Cheveux au vent, drapé dans un manteau où vont s'allumer des étoiles, il est cet inépuisable satyre que le poète de *La Légende des Siècles* fit accéder au parvis des dieux. Ce n'est pas assez dire : Manosque devient un Caucase, et Giono un Titan, qui sur ses épaules supporte le monde, et même, de temps en temps, le fait rouler...

« Je me doute bien qu'il entre un peu d'excès dans mes images. Mais quoi ! Je quitte à peine *Le Hussard*. Lisez-le vous-même : vous me comprendrez. »

(*Combat*, 20 décembre 1951.)

Lettre d'Alain, 1938.

Alain à Giono.

21 octobre M.CM.XXXVIII.

75, Avenue Maurice-Berteaux
Le Pésinet (S.-et-O.)
Tél. 18-89

Mon cher Giono.

Bougre! Quel voyage! mais d'abord merci pour ce beau livre; j'aime beaucoup les cartes du ciel; car je suis depuis longtemps, mon cher poète, un amateur du ciel, de Pégase, de Persée, d'Orion etc. Je ne suis pas moins amateur depuis quelques années de la Structure Paysanne qui est le vrai de la politique; et je vis avec ravissement (dans le Pain) que vous aviez les mêmes pensées. Mais cette fois-ci vous avez achevé la structure paysanne d'admirable façon, en finissant même (comme je crois qu'il faut faire) par l'industrie paysanne (la laine etc.) Bref cette partie de votre livre m'a instruit à jamais, plus que n'importe quel traité de sociologie. Sur la guerre, nous sommes d'accord et j'ai admiré vos fortes expressions... J'en suis là, et heureux de vous comprendre si bien. Vous comprenez ma joie, ô Homme, de trouver un Homme dans un livre.

Finalement je pense qu'il y a bien des choses à faire, seulement pour instruire un peu nos frères aveugles. Je suis assuré que vos écrits paysans feront beaucoup pour éclairer les futurs hommes (("ces hommes")), comme dit l'officier).

Ce que j'écrirai je vous l'enverrai, afin de cultiver cette sorte d'alliance littéraire que nous avons formée

Christian Michelfelder, *Jean Giono et les religions de la terre*, Gallimard, 1938.
Katherine Allen Clarke, *Le Lyrisme dans l'œuvre de Giono*, Thèse, Grenoble, 1938.
Jean Josipovici, *Lettre à Jean Giono*, Grasset, 1939.
Romée de Villeneuve, *Giono le solitaire*, Les Presses Universelles, 1955.
Jacques Pugnet, *Giono*, Éditions Universitaires, 1955.
Pierre de Boisdeffre, *Giono*, Gallimard, 1965.

Voir aussi dans :

André Rousseaux, *Littérature du XXᵉ siècle*, Albin Michel, 1938.
René Lalou, *Histoire de la littérature française contemporaine*, t. II, P.U.F., 1940.
Robert Brasillach, *Les Quatre Jeudis*, Les Sept Couleurs, 1944.
Gaétan Picon, *Panorama de la nouvelle littérature française*, Gallimard, 1949.
Gaétan Picon, *L'Usage de la lecture*, t. II, Mercure de France, 1961.
Pierre Boutang, *Les Abeilles de Delphes*, La Table Ronde, 1951.
Marcel Arland, *La Grâce d'écrire*, Gallimard, 1955.
Robert Poulet, *La Lanterne magique*, Debresse, 1956.

Voir enfin :

La Nouvelle Revue française nº 218, février 1971, *Hommage à Giono* (articles de Jean Grenier, Jacques Chessex, Jean Blot, Robert Ricatte). Le numéro contient des extraits du *Journal* de Giono.
Bulletins de l'Association des Amis de Giono, édition de Manosque.

ŒUVRES DE GIONO EN LIBRAIRIE

LES AMES FORTES : Gallimard/Blanche et Folio.
ANGELO : Gallimard/Blanche et Soleil.
ANIMALITÉS : Trinckvel.
BATAILLES DANS LA MONTAGNE : Gallimard/Blanche.
BERNARD BUFFET : Hazan.
LE BONHEUR FOU : Gallimard/Soleil.
LE CHANT DU MONDE : Gallimard/Blanche, Soleil et Folio.
COLLINE : Grasset; Gallimard/Soleil.
CRÉSUS : Éd. de Manosque.
LA CHUTE DES ANGES — UN DÉLUGE - LE CŒUR CERF : Éd. de Manosque.
LE DÉSERTEUR ET AUTRES RÉCITS : Gallimard/Blanche.
LE DÉSASTRE DE PAVIE : Gallimard/ « Trente journées qui ont fait la France ».
DEUX CAVALIERS DE L'ORAGE : Gallimard/Blanche, Soleil et Folio.
DOMITIEN, suivi de JOSEPH A DOTHAN : Gallimard/Blanche.
L'EAU VIVE : Gallimard/Folio.
ENNEMONDE ET AUTRES CARACTÈRES : Gallimard/Blanche et Soleil.
LES GRANDS CHEMINS : Gallimard/Blanche, Soleil et Folio.
LE GRAND TROUPEAU : Gallimard/Blanche, Soleil et Folio.

HORTENSE OU L'EAU VIVE : Éd. France-Empire.
LE HUSSARD SUR LE TOIT : Gallimard/Blanche, Soleil et Folio.
IMAGES DE PROVENCE : Les Heures claires.
L'IRIS DE SUSE : Gallimard/Blanche.
JEAN LE BLEU : Grasset; Gallimard/Soleil.
MANOSQUE DES PLATEAUX : Émile-Paul.
MORT D'UN PERSONNAGE : Grasset.
LE MOULIN DE POLOGNE : Gallimard/Blanche et Folio.
NAISSANCE DE L'ODYSSÉE : Grasset.
NOÉ : Gallimard/Blanche et Folio.
NOTES SUR L'AFFAIRE DOMINICI : Gallimard/Blanche.
LE POIDS DU CIEL : Gallimard/Idées.
PRÉCISIONS : Grasset.
PROVENCE : Hachette/Albums des Guides bleus.
QUE MA JOIE DEMEURE : Grasset; Larousse; Gallimard/Soleil.
REGAIN : Grasset; Gallimard/Soleil.
RECHERCHE DE LA PURETÉ : Creuzevault.
LES RÉCITS DE LA DEMI-BRIGADE : Gallimard/Blanche et Soleil.
REFUS D'OBÉISSANCE : Gallimard/Blanche.
UN ROI SANS DIVERTISSEMENT : Gallimard/Blanche et Folio.
RONDEUR DES JOURS : Gallimard/Folio.
LE SERPENT D'ÉTOILES : Grasset; Livre de poche.
SOLITUDE DE LA PITIÉ : Gallimard/Blanche et Folio.
LES TERRASSES DE L'ILE D'ELBE : Gallimard.
TRIOMPHE DE LA VIE : Grasset.
THÉATRE : [doit reparaître chez] Gallimard/Folio.
UN DE BAUMUGNES : Grasset; Gallimard/Soleil.
VIRGILE : Buchet-Chastel.
LE VOYAGE EN CALÈCHE : Éd. du Rocher.
VOYAGE EN ITALIE : Gallimard/Blanche.
LES VRAIES RICHESSES : Grasset.
YVES BRAYER : Bibliothèque des Arts.

ŒUVRES ROMANESQUES COMPLÈTES (I et II) : Gallimard/Pléiade.
LE GÉNIE DU SUD, *Textes choisis* [par l'auteur] : Didier.

PHOTOS

A. P. : p. 111. - Yan : p. 186. - Yan/Rapho : 1 cv. - Christian Câprier : p. 102 et 103. - Collection Cossira : p. 37. - Gisèle Freund : p. 64 m., 108 et 148. - Harlingue : p. 41 et 127. - Keystone : p. 4. - J. M. Mèze (Hlt) : p. 6, 25, 44, 48, 51, 83, 94, 95, 129, 137, 142, 150, 170. - Paris-Match (Pierre Vals) : p. 12, 13, 14, 15, 17, 18, 118, 146, 165. - Roger Roche : p. 26, 33, 43, 55, 65, 73, 75, 78, 84, 85, 90, 104, 106, 122, 132, 139, 143. - Roger-Viollet : p. 34, 56, 58, 76, 81, 98, 109, 137, 181. - V. C. Illustrée : p. 52. - Les illustrations sont extraites des *Œuvres complètes* d'André Gide, Gallimard (p. 7); *Colline*, Les exemplaires, 1930 (p. 42); *Le poids du ciel*, Gallimard (p. 47); *Un de Baumugnes*, Les bibliophiles de l'Amérique latine, 1930 (p. 49); *Le chant du monde*, La Tradition, 1954 (p. 92); *Recherche de la pureté*, Creuzevault, 1953 (p. 105 et 121); *Regain*, les XX, 1930 (p. 152).

Table

ACHEVÉ D'IMPRIMER EN 1986 PAR L'IMPRIMERIE TARDY QUERCY S.A. – BOURGES
D. L. Ier TRIM. 1956 – No 726-10 (12798)